Erschienen bei FISCHER Meyers Kinderbuch
© für die deutschsprachige Ausgabe
S. Fischer Verlag GmbH, Frankfurt am Main 2015
„Meyers" ist eine eingetragene Marke des Verlags
Bibliographisches Institut GmbH, Berlin.

Titel der Originalausgabe:
101 things to do before you grow up
© 2015 Red Lemon Press Limited
Text: Laura Dower
Übersetzung aus dem Englischen: Cordula Borawski
Design und Illustrationen: Dan Bramall und Katie Knutton
Elemente von den Illustrationen zu Nummer 38, 41, 55 und
61, 64, 96 sowie 100 stammen von Shutterstock.
Satz: fotosatz griesheim GmbH
Umschlaggestaltung: Init
Printed in China
ISBN: 978-3-7373-7170-4

MIX
Papier aus verantwortungsvollen Quellen
FSC® C016973

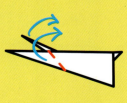

101 Dinge, die du tun musst, bevor du erwachsen bist

FISCHER Meyers Kinderbuch

INHALT

1. Landebahn frei für den Plastiktüten-Fallschirm
2. Baue eine Zeitkapsel
3. Halte deine Bälle in der Luft
4. Countdown in fünf Sprachen
5. Baue einen sonnigen Zeitmesser
6. Ganz verstrickt
7. Schick eine Flaschenpost auf die Reise
8. Plane die absolute Mega-Schneeballschlacht
9. Backe die ultimative Pizza
10. Schlag ein!
11. Zeichne ein Selbstporträt
12. Baue deinen eigenen Kompass
13. Schreib eine Gruselgeschichte
14. Schau dir die Sterne an
15. Lass die Mythen platzen
16. Schwing den Zauberstab
17. Schwarze Gespensterblumen
18. Schmetterling, flieg!
19. Erwecke die Schatten
20. Zeichne einen Comic
21. So klingt die Natur
22. Superhelden im Anflug!
23. Gib den Ton an
24. Kluntjes kleckern
25. Tanze bis zum Umfallen
26. Nutze die Sonnenenergie
27. Drachensteigen leicht gemacht
28. Magisches Lavalicht
29. Erfinde ein schräges Pseudonym
30. Werde zum Superhirn
31. Tüftele drei Codes aus
32. Lass den perfekten Papierflieger starten
33. Was machst du im Notfall?
34. Zieh Würmer auf!
35. Willkommen in Tetra-City
36. Webe deinen Weg
37. Katastrophenalarm!
38. Werde ein Navigations-Ass
39. Auf den Spuren der Tiere
40. Werde Meister der Stäbchen
41. Welches Sternzeichen bist du?
42. Mach dich fit!
43. Wovon träumst du?
44. Der unzerstörbare Luftballon
45. Stich tapfer zu!
46. Dreh ein Wunderding
47. Balanciere einen Löffel an der Nasenspitze
48. Im Miniformat
49. Lass die Puppen tanzen
50. Sprich aus dem Bauch heraus …
51. Schüttle dir ein Eis!
52. An die Stifte, fertig – Spielspaß!
53. An die Bretter, fertig – Spielstart!
54. Mach den Ollie!
55. Wunderwelt der Antike
56. Sei ein verrückter Wissenschaftler
57. Rüste dich für eine Campingtour
58. Mutiere zum wandelnden Lexikon
59. Versuch dich als Wetterprophet
60. „Liebes selbst gemachtes Tagebuch …"
61. Kennst du die Phasen des Mondes?
62. Ein zehnfaches Dankeschön!

63 Entfessele zu Hause einen Vulkan
64 Spiele deinem Gehirn drei Streiche
65 Lass es schneien
66 Echt abgedreht!
67 Bunny, hopp …
68 Schreib mit unsichtbarer Tinte
69 Was verraten deine Hände über dich?
70 Freie Bahn für … Hindernisse!
71 Meisterhafter Pinselstrich
72 Zieh dir einen krassen Kressekopf
73 Schmeiß eine Superpyjamaparty
74 Reise auf lustige Weise
75 Mach die weltbeste heiße Schokolade
76 Geh auf Schatzsuche
77 Dein Extrablatt!
78 Batik-Farbenspiel
79 Mein lieber Schwan!
80 Trickse dich selbst aus!
81 Ein Armkettchen aus Silberblättchen
82 Die Zerreißprobe
83 Lautsprecher-Becher
84 Das Mega-Seifenblasen-Wunder
85 Superfieser Glimmerglibber
86 Schreck Gespenster
87 Druckreif – deine eigene Schablone
88 Werde ein menschlicher Lügendetektor
89 Wie viel Regen fällt bei dir?
90 Wappne dich fürs Wappenmalen
91 Lass den Ball tanzen
92 Aus Alt mach Neu – ein Haus für die Vogelfreunde
93 Baue das ultimative Höhlenversteck
94 Vergiss Langeweile!
95 Mache den Durstlöscher
96 Von einem Ball zum andern
97 Origami – kannste knicken?!
98 Spritziger Spaß
99 Der kommt wieder – dein eigener Bumerang
100 Stehen deine Sterne günstig?
101 Pappmaschee – schön pappig!

1 LANDEBAHN FREI FÜR DEN PLASTIKTÜTEN-FALLSCHRIM!

Es ist ein Vogel. Es ist ein Flugzeug. Es ist ... eine Plastiktüte! Lass dein Spielzeug fliegen!

DAS BRAUCHST DU:
- Tüte aus Plastik oder anderem leichten Material
- Schere
- Nadel und 8 Nähfäden – jeweils ca. 50 cm lang
- Kreppband
- 4 Büroklammern
- kleiner Gegenstand als Gewicht (eine kleine Actionfigur wäre perfekt)
- Gummiband

1 Schneide ein großes Quadrat aus deiner Plastiktüte oder dem Material, das du hast, und klebe an alle vier Ecken jeweils auf der Vorder- und Rückseite ein Stück Kreppband (8 Stück insgesamt).

2 Ziehe Nadel und Faden durch eine Ecke und sichere den Faden mit einem Knoten. Binde das lose Fadenende an eine Büroklammer. Wiederhole das für jede Ecke.

3 Mache einen Sicherheitsgurt für deine Figur, indem du ein Gummiband wie auf dem Bild um sie schlingst. Dann hake das Gummiband an die Büroklammern.

4 Finde einen sicheren hoch gelegenen Platz, von dem dein Fallschirm starten kann, und schau zu, wie deine Actionfigur auf den Boden zugleitet.

GESCHAFFT! ABGEHAKT AM

BAUE EINE ZEITKAPSEL 2

Eine Zeitkapsel zu machen ist so ähnlich, wie eine Schatzkiste zu bauen. Sachen werden verstaut und versiegelt, damit sie in der Zukunft wiederentdeckt werden können!

- Zeitschrift oder Zeitung von heute
- Kleidungsstücke
- Brief oder Tagebuchseite
- Fotos
- Spielzeug
- Münzen

DEINE ZEITKAPSEL

Für deine Zeitkapsel kannst du jede Art von Karton nehmen. Schreibe das heutige Datum und deinen Namen drauf, dann packe coole Gegenstände aus deiner Zeit hinein. Als Nächstes versiegele ihn und verstecke ihn an einem sicheren Ort, zum Beispiel auf dem Dachboden. Versteckst du ihn draußen, hülle ihn besser zuerst in Plastik ein.

TIPP FÜR DICH
Packe keine verderblichen Sachen (wie Lebensmittel) mit ein, die verschimmeln oder Tiere anlocken können.

GESCHAFFT! ABGEHAKT AM

3 HALTE DEINE BÄLLE IN DER LUFT

Mit Jonglieren kannst du andere ganz schön vom Hocker reißen. Ein bisschen Konzentration, Übung und Rhythmus – und du wirst zum Knüller jeder Party!

SICHER IST SICHER!

Das Wichtigste zuerst: Die oberste Regel beim Jonglieren heißt Sicherheit. Also DENK nicht mal daran, mit brennenden Fackeln zu jonglieren! Fange erst mit Sandsäckchen oder Bällen an zu üben. Mit den richtigen Gegenständen und der richtigen Technik lernst du in null Komma nichts, alles Mögliche herumzuwirbeln – und wirst dabei verdammt cool aussehen!

1 Schnapp dir einen kleinen Ball. Wirf ihn in einem Bogen von einer Hand in die andere, und zwar immer in Augenhöhe.

SCHON GEWUSST?

Eine von beiden Händen heißt „dominante Hand", weil du damit besser fangen und werfen kannst. Meistens ist das die Hand, mit der du auch schreibst.

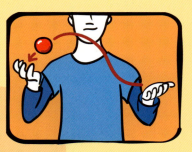

2 Wirf den Ball von einer Hand in die andere, ohne die Hand zum Fangen auszustrecken. Übe so lange, bis du einen guten Rhythmus gefunden hast.

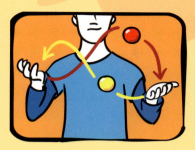

3 Nun versuche, zwei Bälle gleichzeitig zu werfen. Sobald der erste Ball anfängt zu fallen, wirf den zweiten Ball in die Luft und fange dann beide nacheinander auf.

4 Nun nimm noch einen dritten Ball. Deine dominante Hand sollte zwei Bälle halten.

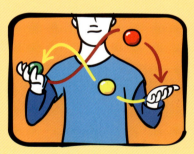

5 Wirf die ersten beiden Bälle so wie vorher und halte den dritten dabei noch in deiner dominanten Hand.

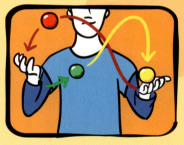

6 Wirf den dritten Ball genau dann in die Luft, wenn der zweite am höchsten Punkt seiner Flugbahn ist, und wirf die Bälle weiterhin in einer fortlaufenden Schleife.

WARUM NICHT?
Ersetze einen Ball durch einen Apfel und versuch, beim Jonglieren ein Stück davon abzubeißen!

4 COUNTDOWN IN FÜNF SPRACHEN

Tausende von Sprachen werden auf der ganzen Welt gesprochen! Punkte bei deinen Freunden, indem du in fünf davon bis zehn zählen kannst!

Sprachwissenschaftlern (Leuten, die Sprachen studieren) zufolge werden auf der Erde über 6 900 Sprachen gesprochen. Hammer! Sieh dir die Zahlen 1 bis 10 in der Tabelle unten an (in Klammern steht, wie man sie ausspricht). Deine Sprachkünste werden allen in der Schule und deinem Freundeskreis glatt die Sprache verschlagen!

	1	2	3	4	5	6	7	8	9	10
Englisch	one (won)	two (tuh)	three (fsri)	four (foor)	five (feif)	six (ssix)	seven (ssevn)	eight (eyt)	nine (nein)	ten (tenn)
Französisch	un (öng)	deux (dö)	trois (troa)	quatre (katr)	cinq (ssänk)	six (ssis)	sept (ssett)	huit (üit)	neuf (nöff)	dix (dis)
Chinesisch	yi (i)	er (ah)	san (ssan)	si (si)	wu (wu)	liu (lio)	qi (chi)	ba (ba)	jiu (jio)	shi (sche)
Spanisch	un (un)	dos (doss)	tres (tress)	cuatro (kuatro)	cinqo (shinko)	seis (sseiss)	siete (ssiete)	ocho (otscho)	nueve (nuäwe)	diez (diäs)
Russisch	odin (odin)	dva (dwa)	tri (tri)	četyrje (tschetierje)	pjat (pjat)	šest (schest)	sem (ssjem)	vosem (wosjem)	djevjat (djewjat)	djesjat (djesjat)

BAUE EINEN SONNIGEN ZEITMESSER 5

Wie cool: Eine Sonnenuhr misst die Zeit anhand des Schattens, der auf das Zifferblatt fällt.

DAS BRAUCHST DU:
- großen Papp- oder Plastikbecher mit einem Deckel und Strohhalm
- Uhr
- wasserfesten Stift
- Bleistift
- Klebeband
- kleine Kiesel (genug, um den Becher etwa halb zu füllen)
- Kompass (s. Nummer 12)

1 Stich mit dem Bleistift seitlich ein Loch in den Becher, ungefähr 5 cm unter dem oberen Rand. Fülle die Kieselsteine in den Becher, sodass dieser nicht umkippen kann. Verschließe den Becher mit dem Plastikdeckel.

2 Stecke den Strohhalm durch das Loch im Deckel und durch das an der Becherseite. Lass ihn etwa 2 cm an der Seite rausstehen und befestige ihn mit dem Klebeband am Becher.

3 Such dir einen sonnigen Platz und stelle den Becher auf eine ebene Stelle. Finde mit dem Kompass heraus, wo Norden ist, und richte den Strohhalm dorthin aus. Achte darauf, dass die Sonne genau auf den Strohhalm scheint!

4 Markiere um 10 Uhr morgens auf dem Becherdeckel, wohin der Schatten des Strohhalms fällt. Wiederhole das jede Stunde bis 3 Uhr nachmittags. Am nächsten Tag kannst du so die Zeit feststellen ohne eine (andere) Uhr!

6 GANZ VERSTRICKT

Die Sache mit Knoten ist die: Sie sind GAR nichts Besonderes. Wir verwenden Knoten für Millionen Dinge jeden Tag. Also ist es ganz schön wichtig, zu wissen, wie man sie richtig knüpft. Hier sind drei echt nützliche und einfache Knoten, die du ausprobieren kannst.

KREUZKNOTEN

Mit dem Kreuzknoten kannst du zwei Leinen zusammenbinden.

1 Lege das linke Ende einer Leine (im Bild rot) über das rechte Ende der zweiten Leine (blau). Führe das linke Ende der zweiten Leine (blau) unter das erste Seil und ziehe das Ende nach oben.

2 Richte die beiden Enden jeweils nach innen. Schiebe das Ende des rechten Seils (blau) über das linke Seil (rot), dann ziehe es dahinter nach unten und wieder nach vorne durch die Schlaufe, die sich nun ergeben hat.

3 Ziehe den Knoten fest, indem du möglichst an allen Enden gleichzeitig ziehst. Als Eselsbrücke kannst du dir merken: „Links über rechts und rechts über links."

PALSTEK

Der Palstek dient dazu, eine feste Schlaufe, die sich nicht zuzieht, in eine Leine zu knüpfen.

1 Bilde mit dem Seil ein Auge, indem du das lose Seilende über das feste (= ziehende) Ende legst.

2 Führe das lose Ende von unten zurück durch die Schlaufe und dann unter dem festen Seilende hindurch.

3 Fahre mit dem losen Ende nun wieder zurück von oben durch das Auge und ziehe fest.

WEBELEINENSTEK

Damit kannst du eine Leine an einem Pfahl oder Geländer festmachen.

  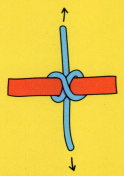

1 Lege die Leine um das Geländer. Führe das lose Ende über das feste Seilende.

2 Führe die Leine noch mal ganz um das Geländer. Dabei muss das lose Ende unter der Leine durchgehen.

3 Zieh fest. Die Seilenden sollten nebeneinander unter dem Kreuzpunkt liegen, aber auf gegenüberliegenden Seiten.

SCHICK EINE FLASCHENPOST AUF DIE REISE

Was wäre, wenn du eine Nachricht schreibst, sie in eine Flasche steckst und diese ins Meer wirfst? Wer würde sie finden? Finde es selbst heraus!

1 Such dir eine mittelgroße Glasflasche (eine Plastikflasche könnte Meerestiere gefährden) mit einem festen Korken, damit sie dicht ist.

2 Für deine Nachricht nimm eine möglichst dünne Karte und einen wasserfesten Stift.

3 Schreib deine Nachricht auf. Außerdem die E-Mail-Adresse eines Erwachsenen, damit der Finder dir schreiben kann.

4 Achte darauf, dass gerade Ebbe ist, wenn du die Flaschenpost ins Meer wirfst. Andernfalls wird sie gleich wieder an den Strand gespült. Los geht's!

PLANE DIE ABSOLUTE MEGA-SCHNEEBALLSCHLACHT! 8

Baue einen Schutzwall aus Eis und mache dich für eine eiskalte Winterschlacht bereit!

FÜR DEN EISWALL:

Schaufele Schnee in einen rechteckigen Behälter (zum Beispiel eine leere Eiscremepackung) und presse diesen fest zusammen. Dreh den Behälter um, sodass sich dein Schneeziegel herauslöst. Richtig cool würde es aussehen, wenn du den Schnee vorher mit Lebensmittelfarbe färbst.

SCHON GEWUSST?
Im Januar 2013 lieferten sich in Seattle, USA, 5800 Leute eine gnadenlose Schneeballschlacht!

FÜR DIE SCHNEEBÄLLE:

- Finde den perfekten Schnee. Er darf nicht zu nass sein, sonst bekommst du nur Matschbälle.
- Pass auf, dass keine Zweige, Steine oder Eisstücke hineingeraten, wenn du deinen Schneeball formst.
- Frostbeulenalarm! Zieh Handschuhe an, sonst frierst du dir die Finger ab.
- Klasse! Dein Eiswall bietet perfekten Sichtschutz für einen Munitionsvorrat. Als ultimativen Schneeballschlachtauftakt feuere gleich zwei oder drei Bälle in Folge ab. *Flatsch!* Dein Gegner hat keinen Schimmer, was ihn da so eiskalt erwischt.

GESCHAFFT! ABGEHAKT AM

BACKE DIE ULTIMATIVE PIZZA

Pizza ist sogar noch besser, wenn sie mit allen deinen Lieblingszutaten belegt ist. Warum also nicht deine eigene Pizza backen?!

DAS BRAUCHST DU:

- Backofen
- Pizzateig, gekauft oder selbst gemacht
- Tomatensoße
- Olivenöl
- Käse (am besten Mozzarella)
- deine Lieblingszutaten: Paprika, Zwiebeln, Thunfisch, Salami, Brokkoli …

SICHER IST SICHER!
Lass dir von einem Erwachsenen mit dem Ofen helfen.

1 Am schnellsten geht es, wenn du zum Supermarkt flitzt und dort eine Backmischung für Pizzateig holst. Dann heize den Backofen vor und bereite den Teig so zu, wie es auf der Packung angegeben ist.

2 Rolle den Teig (mit etwas Öl bepinselt) flach auf einem Backblech oder Backpapier aus.

3 Löffle Soße auf den Teig (aus zermatschten Dosentomaten und mit Basilikum bestreut). Dann kommt der Käse obendrauf.

WARUM NICHT?
Probiere doch mal Meeresfrüchte auf deiner Pizza aus, oder wie wär's ganz vegetarisch – „Pizza mit Grünzeug"?

Paprikastücke

Tomaten

gekochter Schinken

Pepperonisalami

geschnittene Champignons

entkernte Oliven

4 Verteile deine Zutaten, wie Paprikastücke, Spinat, Schinken oder Champignons, obendrauf. Dann schiebe deine Pizza vorsichtig in den Backofen.

5 Backe die Pizza so lange, bis der Teigrand leicht braun wird und der Käse Blasen wirft. Das dauert etwa 10-15 Minuten. Und dann guten Appetit!

DEILIZIOSO!
(das heißt „superlecker" auf Italienisch)

GESCHAFFT! ABGEHAKT AM

10 SCHLAG EIN!

Psssst! Wie sagen beste Freunde am coolsten Hi? Klar, mit einem ausgefuchsten Geheimhandschlag mit allem Drum und Dran!

1 Überlege dir fünf oder sechs coole Bewegungen für den Handschlag. Schau in der Liste unten, was für euch passt.

2 Ein Geheimhandschlag sollte vollen Körpereinsatz verlangen – also gehören Johlen, Pfeifen, Schnalzen auch dazu!

3 Bring alles in eine Reihenfolge. Und denkt euch gemeinsam eine Geste aus, die euren Handschlag einmalig macht.

VERSUCH DOCH MAL ...

- Fauststoß
- Klammern
- Kleiner-Finger-Schwur
- Fingerspitzen berühren
- Schulterstoß
- Finger in die Luft
- Kribbelkrabbel-Spinnenfinger
- High five (nach oben und nach unten)
- High ten (High five mit beiden Händen)
- Umarmen
- Hüftcheck
- Abklatschen
- Fingerziehen

DENK DRAN
Üben, üben, ÜBEN. Auch wenn euer Handschlag aus fünf oder mehr Gesten besteht, soll das Ganze ja spielend leicht aussehen.

GESCHAFFT! ABGEHAKT AM

ZEICHNE EIN SELBSTPORTRÄT 11

Bei einem Selbstporträt bildet ein Maler sich selbst ab. Guck dir dein Spiegelbild an und dann leg los mit deinem Selbstporträt!

1 Als Erstes miss deine Gesichtszüge aus. Deine Hand ist etwa so lang wie dein Gesicht, also leg deine Hand auf ein Blatt Papier.

2 Male Punkte an die oberste Fingerspitze und an die Handwurzel. Verbinde beide Punkte mit einem ovalen Umriss.

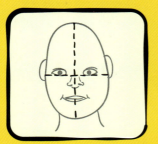

3 Zeichne ein gestricheltes Kreuz in das Oval. Deine Augen sitzen über der waagerechten Linie, die Nase am Mittelpunkt des Kreuzes und dein Mund darunter.

4 Male Augenbrauen, Ohren und deine Haare dazu. Dann radiere das gestrichelte Kreuz aus! Fertig ist das Selbstporträt!

GESCHAFFT! ABGEHAKT AM

21.8.2015

12 BAUE DEINEN EIGENEN KOMPASS

Ein Kompass ist ein Gerät zur Richtungsbestimmung. Dazu gehört eine magnetisierte Nadel, die auf den Magnetpol der Erde reagiert.

DAS BRAUCHST DU:

- aufgebogene Büroklammer als Nadel
- Stahlmagnet (ein rechteckiger Magnet mit einem Nord- und Südpol an den Seiten)
- Zange
- runden Korken
- kleine Schüssel, halbvoll mit Wasser

1 Lade deine Büroklammernadel magnetisch auf, indem du sie ungefähr 20-mal in derselben Richtung an dem Magneten reibst.

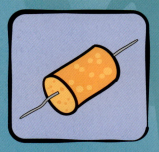

2 Mithilfe der Zange schiebe deine Nadel vorsichtig durch den Korken. An beiden Seiten sollte etwa gleich viel von der Nadel rausstehen.

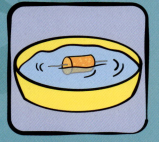

3 Setze den Korken mit der Nadel auf die Wasseroberfläche. Das Nadelende, das am Mittag in Richtung Sonne zeigt, weist nach Süden. Das gilt für die Nordhalbkugel. Auf der Südhalbkugel würde die Nadel nach Norden zeigen.

GESCHAFFT! ABGEHAKT AM

SCHREIB EINE GRUSELGESCHICHTE 13

Hast du einen blassen Dunst, wie man eine zum Zähneklappern schaurige Geschichte schreibt? Hier sind vier Tipps, damit deine nächste Geschichte ... nun ja ... grauenerregend wird.

Beginne damit, dir selbst eine Gänsehaut einzujagen. Was für Geschichten lassen dir die Haare zu Berge stehen? Was sucht dich in deinen schlimmsten Albträumen heim? Schreib genau DAS!

Was?
Überleg dir ein „Was, wenn" und spinne den Gedanken weiter: Was, wenn du dich nach Einbruch der Dunkelheit ausgesperrt hättest? Was, wenn du im Wald einem Monster begegnetest? Was, wenn dein bester Freund ein Vampir wäre?

Wer?
Bestimme die Hauptperson. Wer ist er oder sie? Warum ist sie in dieser geheimnisumwitterten Umgebung? Erfinde den Bösewicht. Wie sieht er aus und wie verhält er sich? Oder ist es vielleicht eine Schurkin? Denk dir drei Momente voller Gefahr zwischen Helden und Schurken aus.

Wo?
Wähle einen Ort und male jede Menge gruseliger Details aus: Nebel, unheimliche Geräusche, Dunkelheit und noch viel mehr. Lass es so eisig kalt werden, dass dein Atem Wolken bildet! Brrr!

Wie?
Bringe deine Leser mit den passenden Wörtern zum Schaudern, so wie „zombiehaft", „grausig" oder „gespenstisch". Nimm dir Zeit für die Details. Denk dran: Spannung erschaffen ist die halbe Arbeit! Lass durchblicken, dass unheilvolle Dinge geschehen werden – und dann schreib sie ... endlich!

GESCHAFFT! ABGEHAKT AM

14 SCHAU DIR DIE STERNE AN

Sternbilder sind Gruppen von Sternen am Nachthimmel. Es gibt mindestens 88 verschiedene Sternbilder. Jedes ist nach Tieren oder Personen aus der Sagenwelt benannt.

WO BIST DU?

Das größte Sternbild heißt Orion, auch bekannt als der Jäger. Wie kannst du es am Himmel finden? Beobachte abends den Südwesthimmel, falls du selbst auf der Nordhalbkugel bist, oder den Nordwesthimmel, wenn du auf der Südhalbkugel wohnst. Lebst du in Äquatornähe, kannst du Orion am westlichen Himmel sehen.

DER GROSSE BÄR

Das bekannteste Sternbild ist der Große Bär. Ein Teil davon wird auch der Große Wagen genannt. Aber weißt du was?
Der Große Wagen IST gar kein eigenes Sternbild. In Wahrheit ist es ein Asterismus – das ist eine Sterngruppe, die zwar ein Muster bildet, aber kein ganzes Sternbild.

ORION

Halte Ausschau nach dem Sternenmuster, das du hier sehen kannst (guckst du von der Südhalbkugel aus, musst du die Seite umdrehen). Am leichtesten kann man drei helle Sterne in einer Reihe nah beieinander erkennen. Diese drei Sterne sind der Oriongürtel. Zwei helle Sterne darüber bilden Orions Schultern. Die zwei darunter sind seine Knie.

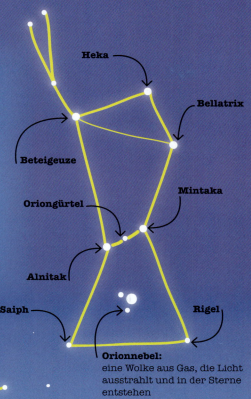

- Heka
- Bellatrix
- Beteigeuze
- Mintaka
- Oriongürtel
- Alnitak
- Saiph
- Rigel
- **Orionnebel:** eine Wolke aus Gas, die Licht ausstrahlt und in der Sterne entstehen

KLEINER HUND

GROSSER HUND

Nah bei Orion kannst du die Sternbilder Großer Hund und Kleiner Hund entdecken. Das sind die beiden Jagdhunde von Orion.

WARUM NICHT?
Wenn es in deiner Nähe einen Meteorschauer gibt, kannst du vielleicht Sternschnuppen sehen!

GESCHAFFT! ABGEHAKT AM

15 LASS DIE MYTHEN PLATZEN

Bring die Gerüchte zum Schweigen. Vergiss diesen Aberglauben. Es ist an der Zeit, mit vier hartnäckigen Märchen aufzuräumen!

Ein Blitz schlägt NIE zweimal an derselben Stelle ein.

Denkste! Es ist zwar unwahrscheinlich, aber ein Blitz kann durchaus mehr als einmal an derselben Stelle einschlagen. Das Empire State Building in New York treffen jedes Jahr mehr als 100 Blitzeinschläge!

Von einer Kröte kriegst du WARZEN.

Gönn der Kröte eine Auszeit! Nur weil sie eine warzige Haut hat, steckt sie dich nicht damit an, wenn du sie anfasst. Genau genommen dienen ihre Warzen der Tarnung!

Stiere sehen rot bei Rot.

Stierkämpfer schwenken ein rotes Tuch, um die Aufmerksamkeit der Stiere zu wecken. Aber ob du's glaubst oder nicht, die Farbe spielt für den Stier gar keine Rolle. Er reagiert nur auf die Bewegung des Stoffs. Tatsächlich können Stiere die Farbe Rot gar nicht so wie wir sehen.

Verschluckst du ein Kaugummi, wird es erst nach SIEBEN JAHREN verdaut.

Essen, das wir kauen und runterschlucken, wird von Enzymen in unserem Verdauungssystem gespalten. Das ist der Knackpunkt mit Kaugummi: Sein Hauptbestandteil ist darauf ausgelegt, sich beim Kauen eben nicht aufzulösen. Wird es verschluckt, dauert es darum zwar ein bisschen länger, bis es verdaut wird ... doch keine sieben Jahre!

GESCHAFFT! ABGEHAKT AM

SCHWING DEN ZAUBERSTAB

Simsalabim! Der sicherste Weg, deine Clique und Familie zu verblüffen, ist, ein paar Zaubertricks aus dem Ärmel zu schütteln. Probiere diesen hier mal auf deiner nächsten Party.

MEISTER DES KETCHUPS

Bevor du loslegst, fülle eine leere Plastikflasche bis oben hin mit Wasser.

1 Erkläre deinem Publikum, dass du ein Ketchuptütchen dazu bringen kannst, auf deinen Befehl zu hören. Dann öffne die Flasche und gib das Tütchen hinein. Verschließe die Flasche.

2 Halte die Flasche mit einer Hand an der Seite fest, sodass du das Ketchuptütchen gut sehen kannst. Deute mit der anderen Hand auf das Tütchen und gib ihm dabei Befehle: „Ketchup hoch!", „Ketchup runter!"

3 Der Trick: Während du dem Tütchen befiehlst, sich zu bewegen, drückst du die Flasche ganz leicht. Der Wasserdruck lässt das Ketchuptütchen aufsteigen und absinken oder sogar auf der Stelle schwimmen – auf deinen Befehl hin!

GESCHAFFT! ABGEHAKT AM

17 SCHWARZE GESPENSTERBLUMEN

Diese Blumen werden schrecklich schaurig aussehen zu Halloween und sind dabei supereinfach zu machen.

DU BRAUCHST:
- weiße Blumen (Nelken oder Rosen gehen prima)
- Schere
- Vase
- schwarze Lebensmittelfarbe

1 Schneide vorsichtig die Stielenden von deinem Blumenstrauß ab.

2 Fülle eine Vase etwa ein Drittel mit Wasser, dann gib fünf Tropfen Lebensmittelfarbe hinein. Du kannst jede beliebige Farbe nehmen, aber schwarz ist perfekt für Halloween!

3. Stell deine Blumen in die Vase und lass sie ein paar Stunden stehen oder wenn möglich über Nacht. Die Blumen werden das schwarze Wasser aufsaugen und die Blütenblätter färben sich schwarz. Echt grausig!

WARUM NICHT?

Blumen für Muttertag vergessen? Verwende dieselbe Technik, um Selleriestängel zu färben. Vielleicht besser mit Rosa als mit Schwarz!

KUNTERBUNTE BLUMEN

Wenn du diese Technik gut draufhast, probiere mal, zweifarbige Blumen zu machen. Spalte den Stängel mit einem Messer und stelle jede Hälfte in verschieden gefärbtes Wasser. Die Blütenblätter werden beide Farbtöne einzeln annehmen!

GESCHAFFT! ABGEHAKT AM

18 SCHMETTERLING, FLIEG!

Vom Ei bis zum ausgewachsenen Tier machen Schmetterlinge eine erstaunliche Verwandlung durch. Man nennt das Metamorphose. Mit etwas Glück kannst du dabei zusehen!

Netzstoff

1 Baue ein Zuhause für deine Raupe. Decke einen durchsichtigen Behälter mit Netzstoff ab, sodass die Raupe sich dranhängen kann.

2 Such dir eine Raupe und locke sie auf einen Zweig. Pflücke auch gleich ein paar Blätter von derselben Pflanze – damit du Futter für deine Raupe hast!

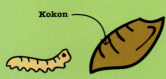

Kokon

3 Setze Raupe, Blätter und Zweig in deinen Behälter und stelle ihn draußen an einen geschützten Platz. In ungefähr sechs Wochen kannst du einen Kokon sehen und bald darauf dann einen Schmetterling!

DENK DRAN
Wenn der Schmetterling geschlüpft ist, lass ihn frei! Aber berühre niemals seine Flügel.

✓ GESCHAFFT! ABGEHAKT AM

ERWECKE DIE SCHATTEN | 19

Du kannst einen ganzen Zoo an deiner Wand zum Leben erwecken – allein durch Schattenspiele mit deinen Händen und raffinierter Beleuchtung.

VORHANG AUF!

Lass eine Taschenlampe auf eine leere Wand strahlen. Der größte Spaß bei Schattenspielen ist das Ausprobieren! Versuch es mit verschiedenen Formen und Tieren. Was sieht am besten aus?

Ziege

Krokodil

Kaninchen

Kamel

Vogel

WARUM NICHT?
Führ eine Schattenspielschau für deine Familie und Clique auf!

GESCHAFFT! ABGEHAKT AM

20 ZEICHNE EINEN COMIC

Comics können witzig, nachdenklich oder voller Abenteuer sein! Hier sind einige wichtige Tipps für deinen eigenen.

1 Finde beim Zeichnen und Schreiben deinen eigenen Stil heraus. Wenn du dich nicht mit Details aufhalten magst, macht das auch nichts. Zeichne einfache Strichmännchen und denk dir dafür eine pfiffige Pointe oder schräge Konturen aus.

2 Zeichne deine Einfälle zuerst mit Bleistift, dann kannst du jederzeit noch Änderungen vornehmen.

3 Du brauchst coole Charaktere! Gib ihnen Namen und einfache, aber unverwechselbare Merkmale wie eine flippige Brille, eine Turmfrisur oder ein grausiges Gebiss. Was sind ihre Stärken und Schwächen? Witzige Comics sollten mit einer Pointe aufhören, Abenteuer mit einem spannenden Cliffhanger!

4 Versuch, Geschichte und Witz vor allem durch die Bilder zu erzählen. Halte die Sprechblasentexte kurz und knapp.

„GESICHTSPUNKTE"

Mach nicht so 'n Gesicht … oh doch!

Einige Geheimtipps für grundlegende Gesichtsausdrücke:

Ärger
Stirnrunzeln, schräge Augenbrauen und vielleicht ein rotes Gesicht

Freude
Lächeln und große Augen

Traurigkeit
Schmale Augen und nach unten gebogener Mund

Schrecken
Weit offener Mund, große Augen und vielleicht einige Linien auf der Stirn

Schalk
Grinsen und schräge Augen mit einer hochgezogenen Braue

21 SO KLINGT DIE NATUR

Auch Vogelgezwitscher oder Insektensummen ist Musik. Mit diesen zwei Musikinstrumenten hier geht's zurück zur Natur!

DAS BRAUCHST DU:
- Pappröhre
- Farbe oder bunte Filzstifte
- Klebeband
- Pappe
- Zahnstocher (Holz oder Plastik)
- Schere
- getrocknete Bohnen

REGENMACHER

Der Regenmacher ist ein Musikinstrument aus Südamerika. Normalerweise besteht er aus einem abgestorbenen, verholzten Kaktus. Dein Regenmacher wird ein bisschen anders sein, doch mit demselben Effekt.

1 Nimm eine Pappröhre (zum Beispiel eine leere Küchenpapierrolle) und bemale die Außenseite mit Farbe, Filzstiften oder Ähnlichem. Klebe einen Kreis aus Papier über eine der offenen Seiten.

2 Pikse einige Zahnstocher in die Röhrenwand. Folge dabei dem Muster einer abwärtsgedrehten Spirale. Am Ende sollte es so ähnlich wie auf dem Bild unten aussehen. Sichere die Spitzen der Zahnstocher mit Klebeband.

Pappröhre

Zahnstocher

3 Lass eine Handvoll getrockneter Bohnen hineinfallen. Dann klebe einen zweiten Papierkreis über die andere offene Seite der Röhre. Schüttele deinen Stab vorsichtig auf und ab, dann hörst du das leise Geräusch fallenden Regens.

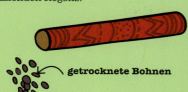

getrocknete Bohnen

GRASTROMPETE

Mit diesem lustigen, schrillen Quietschen kannst du deine Freunde erschr… ähm … ERFREUEN – allein mit deinen Händen und einem Grashalm!

1 Nimm einen breiten Grashalm. Bilde mit deiner linken Hand locker eine Faust, wobei die Daumen nach oben weisen sollten. Halte deine rechte Hand genauso daneben und den Grashalm flach zwischen deinen Daumen.

2 Schiebe den Grashalm so, dass er straff über den Spalt zwischen beiden Daumen gespannt ist. Dann bewege diesen Spalt zu deinen Lippen.

3 Spitze die Lippen, als würdest du eine Kerze auspusten, und blase fest in den Spalt. Machst du alles richtig, ertönt von dem Grashalm ein lautes Quietschen!

GESCHAFFT! ABGEHAKT AM

22 SUPERHELDEN IM ANFLUG!

Blitz! Wusch! Paff! Erfinde deinen eigenen Comic-Superhelden! Hier sind fünf Dinge, die jeder Superheld und jede Superheldin unbedingt brauchen.

1 Motivation! Kein Superheld ohne Konflikt. Was treibt deinen Superhelden an, sich zu verkleiden und das Böse zu bekämpfen?

4 Der Bösewicht! Jemand für actionreiche Kämpfe mit dem Helden – und der eine heimliche Attacke startet, um die Weltherrschaft an sich zu reißen.

HILFE!

2 Eine Identität – oder zwei! Finde Namen, die seine Stärken und Fähigkeiten widerspiegeln. Wie sieht die Tarnung für den Alltag aus?

5 Makel und Markenzeichen! Der Makel ist das Kryptonit deines Helden – die eine Sache, die ihn oder sie besiegen kann. Sein Markenzeichen kann vielleicht ein lässiger Spruch sein.

SCHUFT GEPLÄTTET – WELT GERETTET!

3 Ein Kostüm, das zu der geheimen Identität passt. Vielleicht Helm, Hörner oder eine überdimensionale Maske? Ein Cape? Ein ultracooles Symbol?

WARUM NICHT? Zeichne einen Comic über deinen Charakter. Für mehr Ideen schau dir mal Nummer 20 an!

✓ GESCHAFFT! ABGEHAKT AM 21.8.19

GIB DEN TON AN | 23

Notenlesen ist nicht so schwer. Hier sind ein paar grundlegende Tipps. Damit kannst du Noten erkennen und wie schnell sie gespielt werden.

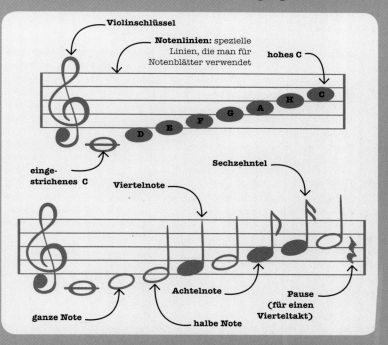

WARUM NICHT?
Lerne, eine einfache Melodie auf Blockflöte oder Klavier zu spielen!

GESCHAFFT! ABGEHAKT AM 2/8

24 KLUNTJES KLECKERN

Nichts geht über ein Experiment, das man nachher aufessen kann! Und das hier ist garantiert zum Anbeißen!

DAS BRAUCHST DU:
- 400 ml Wasser
- 800 g Zucker
- Bleistift
- Bindfaden
- Lebensmittelfarbe
- Zitronensaft
- Marmeladenglas

1 Binde einen Faden um den Bleistift.

2 Wenn du den Bleistift quer über das Marmeladenglas legst, sollte der Faden fast bis auf dessen Boden reichen.

3 Bring zusammen mit einem Erwachsenen das Wasser zum Kochen und gib 100 g Zucker hinzu.

4 Wenn die Mischung zu blubbern beginnt, gib den übrigen Zucker hinzu, immer nur 100 g auf einmal. Danach nimm den Topf vom Herd.

5 Tropfe etwas Lebensmittelfarbe hinein und etwas Zitronensaft für mehr Geschmack. Schütte die ganze Mischung in das Marmeladenglas, bis es randvoll ist. Lege den Bleistift über das Glas und lass den Bindfaden in die Flüssigkeit hängen. Pass auf, dass er nirgends am Glas kleben bleibt.

6 Stelle dein Glas an einen sicheren Ort (nicht in den Kühlschrank). Nach einem Tag kannst du sehen, wie sich Zuckerkristalle am Faden festsetzen. Lass es noch ein paar Tage stehen, bis sich noch mehr Kristalle bilden. Dann hole den Faden mit dem Kandis heraus und lass ihn trocknen.

fertiger Kandis

WARUM NICHT?
Indischer Kandis ist mit Fenchel gemischt für einen frischen Atem. Was willst du noch in deinen hineinmischen?

DENK DRAN
Spiel nicht mit dem Glas herum oder stecke zwischendurch den Finger hinein. Das stört den Kristallisationsvorgang.

GESCHAFFT! ABGEHAKT AM

25 TANZE BIS ZUM UMFALLEN

Übe das Abtanzen vorm Spiegel, dann drehe beim ultimativen Wetttanzen auf!

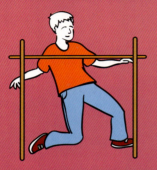

1 Wenn es einen Tanz gibt, den jeder schon mal ausprobiert hat, ist es Limbo. Eine Stange oder ein Besenstiel wird in einer bestimmten Höhe quergelegt, während die Tanzenden sich darunter durchschieben. Nach und nach wird die Stange tiefer und tiefer gelegt ... wie tief schaffst du es?

2 Freestyle ist angesagt! Alle Tanzenden führen abwechselnd ihre besten Bewegungen in der Mitte eines Kreises vor. Probier mal Drehungen, Sprünge und mit dem ganzen Körper abrocken aus.

3 Nicht aus der Reihe tanzen! Bilde mit deinen Freunden eine Reihe und dann guckt, wer die Schritte eines einfachen Gruppentanzes wie dem Macarena hinbekommt. Oder denkt euch euren eigenen „Line Dance" aus!

GESCHAFFT! ABGEHAKT AM

NUTZE DIE SONNENENERGIE! 26

An einem heißen Tag kannst du die Sonnenenergie nutzen und einen einfachen Karton in einen Backofen verwandeln. Das Ergebnis ist zum Dahinschmelzen!

DAS BRAUCHST DU:
- Schuhkarton
- Alufolie
- Klarsichtfolie
- Schere
- Klebestift
- Kekse
- Marshmallows
- Schokolade

1 Bereite den Schuhkarton vor. Schneide vorsichtig ein großes Loch in den Deckel. Kleide das Innere des Kartons mit Alufolie aus; nimm dafür den Klebestift zu Hilfe. Die glänzende Aluseite muss dabei nach außen zeigen, damit sie die Sonnenwärme reflektieren kann. Setze den aufgeschnittenen Deckel wieder auf den Karton.

2 Stelle deinen Ofen in die Sonne zum Vorheizen. Nach etwa 30 Minuten lege einen Keks mit einem Marshmallow obendrauf hinein. Nun spanne Klarsichtfolie über das Loch im Kartondeckel.

3 Lass den Backofen in der Sonne stehen, bis das Marshmallow warm und klebrig wird. Dann nimm es heraus. Auf das matschige Marshmallow kommt ein Schokoladenstück und noch ein Keks. Drücke nun alles vorsichtig zusammen, damit die Schokolade schmilzt. Lecker!

GESCHAFFT! ABGEHAKT AM

27 DRACHENSTEIGEN LEICHT GEMACHT

Es gibt viele verschiedene Arten von Drachen. Dieser hier ist schnell und leicht aus einer einfachen braunen Papiertüte zu basteln.

DAS BRAUCHST DU:
- braune Papiertüte
- Filzstifte, Buntstifte oder Ähnliches, um deinen Drachen zu entwerfen und zu verzieren
- Locher
- vier Bindfäden, je 50 cm lang
- Schnur, mindestens 2,5 m lang
- Klebeband
- mehrere Streifen Krepppapier, je 20 cm lang

1 Bemale die Tüte mit bunten Stiften und kritzle, was dir gefällt!

Locher

2 Öffne die Papiertüte und stanze mit dem Locher in jede der vier Ecken ein Loch, jeweils etwa 2 cm vom Rand entfernt.

3 Zieh durch jedes Loch einen 50 cm langen Bindfaden und knote ihn fest. Wenn du alle vier Bindfäden angebracht hast, knote ihre Enden zusammen und verbinde sie mit der 2,5 m langen Schnur.

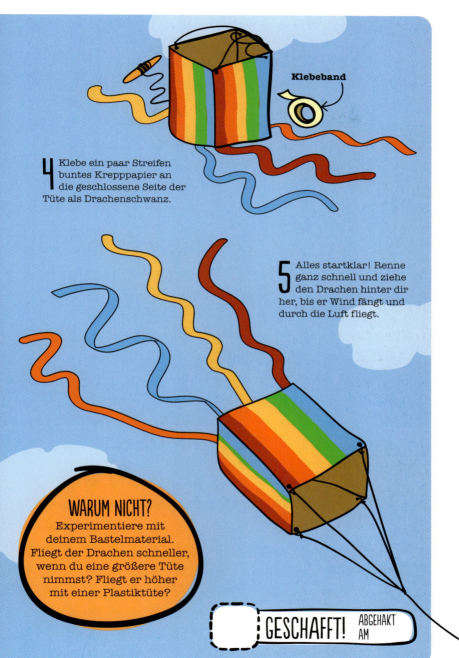

4 Klebe ein paar Streifen buntes Krepppapier an die geschlossene Seite der Tüte als Drachenschwanz.

5 Alles startklar! Renne ganz schnell und ziehe den Drachen hinter dir her, bis er Wind fängt und durch die Luft fliegt.

Klebeband

WARUM NICHT?
Experimentiere mit deinem Bastelmaterial. Fliegt der Drachen schneller, wenn du eine größere Tüte nimmst? Fliegt er höher mit einer Plastiktüte?

GESCHAFFT! ABGEHAKT AM

28 MAGISCHES LAVALICHT

Diese leuchtenden Blasen in einer Lavalampe sind ganz einfach nachzubilden. Lass sie glühen!

DAS BRAUCHST DU:
- saubere Plastikflasche mit Deckel (1,5 l)
- Speiseöl
- Wasser
- Lebensmittelfarben
- Sprudeltablette (irgendeine Tablette zum Auflösen)
- Taschenlampe

1 Fülle ein Viertel der Flasche mit Wasser und die übrigen drei Viertel mit Speiseöl. Gib etwa 10 Tropfen Lebensmittelfarbe hinzu.

2 Gib die Sprudeltablette hinzu und schraube den Deckel zu. Schau dir an, wie bunte Blasen aufsteigen, während sich die Tablette auflöst.

3 Schalte das Licht aus und leuchte mit einer Taschenlampe unter den Flaschenboden. Dieser abgefahrene Spezialeffekt ist DEIN Werk. Saubere Leistung!

GESCHAFFT! ABGEHAKT AM

ERFINDE EIN SCHRÄGES PSEUDONYM | 29

Manchmal schreiben berühmte Schriftsteller unter einem anderen Namen, einem sogenannten „Pseudonym". Es kann Riesenspaß machen, sich so einen Namen auszudenken.

1 Für dein Pseudonym kann du Namen aus deinen Lieblingsbüchern oder -filmen miteinander kombinieren.

2 Oder du nimmst dieselben Buchstaben wie in deinem eigenen Namen nur in vertauschter Reihenfolge – also ein Anagramm. Wie hier:

FREDERIK FLAGE
GRAF FEDERKIEL

3 Und wie wär's mit einem fantasievollen Titel wie „Freiherr" oder „Königin"? Der Erfinder des Weihnachtsmuffels Grinch, Theodor Seuss Geisel, nahm seiner Mutter zuliebe ein Pseudonym an. Sie hatte immer gehofft, er würde ein Doktor, also nannte er sich selbst Dr. Seuss!

WARUM NICHT?
Erfinde verschiedene Namen für das Schreiben von gruseligen, lustigen oder spannenden Büchern.

4 Probiere noch verschiedene Unterschriften für dein Pseudonym aus und dann übe, mit vielen Schnörkeln und Krakeln zu unterschreiben.

GESCHAFFT! ABGEHAKT AM

30 WERDE ZUM SUPERHIRN

Es kann manchmal ganz schön vertrackt sein, sich an etwas zu erinnern! Doch hier sind ein paar klasse Tipps.

7-5-3 – ROM SCHLÜPFT AUS DEM EI

1 Lass dir Zeit und konzentriere dich, wenn du neue Dinge lernst. Stell dir im Geist ein Bild vor. Mit bildlichen Assoziationen kannst du dir gut Namen und Wörter merken. Dichte ein Lied oder einen Reim aus den Sachen, die du dir merken musst.

2 Erfinde eine kurze Geschichte, um dich an die Abfolge von Ereignissen oder Sachen zu erinnern. Wenn du nicht vergessen willst, deine Sonnenbrille und Flipflops für eine Reise einzupacken, könntest du sagen: „Die Sonne blendete Mark, darum stieß er sich den Zeh, als ..."

3 Baue dir eine Eselsbrücke. Zum Beispiel gibt es Merksätze, bei denen der Anfangsbuchstabe eines jeden Wortes für ein anderes Wort steht. Auf diese Weise kannst du dir die Reihenfolge bestimmter Dinge merken.

Nie ohne Seife waschen zeigt dir die Abfolge der Himmelsrichtungen auf einem Kompass an, oben angefangen bei Norden, dann Osten, Süden und Westen.

GESCHAFFT! ABGEHAKT AM

TÜFTELE DREI CODES AUS 31

Du wurdest als Agent für eine Geheimmission ausgewählt. Doch wie kannst du deine geheimen Informationen weitergeben? Als Code verschlüsselt, natürlich!

DER CODESTIFT

1 Nimm einen Bleistift und wickle einen dünnen Papierstreifen drum herum. Dann schreibe eine Nachricht auf das Papier. Wenn du den Papierstreifen von dem Bleistift entfernst, wird der Code für ein ungeübtes Auge nur schwer wieder zusammenzusetzen sein.

SPIEGLEIN, SPIEGLEIN,
AN DER WAND, WER
HAT DEN BESTEN CODE
ZUR HAND?

BOTSCHAFT IM SPIEGEL

2 Schreibe eine Nachricht auf ein Blatt Papier, während du dabei in den Spiegel schaust. Ohne Spiegel sieht die Nachricht nur nach Kauderwelsch aus. Doch mit einem Spiegel kann sie sofort enträtselt werden.

CODEWORT: ZIMTSCHNECKE

3 Dieser Code hier unten verwendet das Wort ZIMTSCHNECKE für die ersten 11 Buchstaben des Alphabets. Daran schließen sich die übrig gebliebenen Buchstaben in der normalen Reihenfolge an. Doppelte Buchstaben fallen weg. Um den Code zu knacken, ersetze die Buchstaben von Reihe A durch die aus Reihe B.

Z	I	M	T	S	C	H	N	E	K	A	B	D	F	G	J	L	O	P	Q	R	U	V	W	X	Y		**Reihe A**
A	B	C	D	E	F	G	H	I	J	K	L	M	N	O	P	Q	R	S	T	U	V	W	X	Y	Z		**Reihe B**

Kriegst du diese Geheimbotschaft heraus?
DEPPEGF SOCRSBBQ!

GESCHAFFT! ABGEHAKT AM

(Antwort: Mission erfüllt!)

32 LASS DEN PERFEKTEN PAPIERFLIEGER STARTEN

Alles startklar? Schnapp dir ein Blatt Papier, konstruiere ein hammermäßiges Flugzeug und lass es losdüsen!

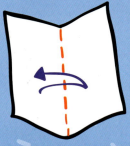

1 Falte ein Blatt Papier senkrecht in der Mitte zusammen und klappe es danach wieder auf.

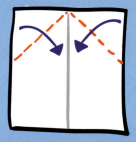

2 Falte die rechte obere Ecke bis zum Knick in der Mitte nach innen. Mache das Gleiche mit der linken oberen Ecke.

3 Der obere Teil deines Papiers sollte nun ein Dreieck bilden.

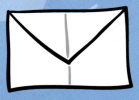

4 Knicke dieses Dreieck an dessen unterer Kante nach unten.

WARUM NICHT? Gib deinem Flieger ein unverkennbares Design!

5 Nun falte wieder die rechte obere Ecke nach innen zur Mitte. Das Gleiche dann mit der linken oberen Ecke. Achte darauf, dass die Spitzen der eingeknickten Ecken zusammentreffen.

6 Falte das Papier in zwei Hälften entlang des Mittelknicks aus Schritt 1.

7 Für die Flügel knicke die Ecken nach unten in Richtung Fliegerunterseite.

8 Halte den Flieger an der Unterseite und dann lass ihn abheben! Schau zu, wie er lossaust!

GESCHAFFT! ABGEHAKT AM

33 WAS MACHST DU IM NOTFALL?

Der erste Schritt, um mit einem Notfall fertigzuwerden, ist gute Vorbereitung. Du musst wissen, wo du Hilfe bekommen kannst, und einen kühlen Kopf bewahren, wenn es nötig ist.

ERSTE-HILFE-KASTEN

Habe jederzeit einen Verbandskasten mit den notwendigsten Sachen parat. Du kannst ein komplettes Set kaufen, aber achte darauf, dass es folgende wichtige Dinge enthält:

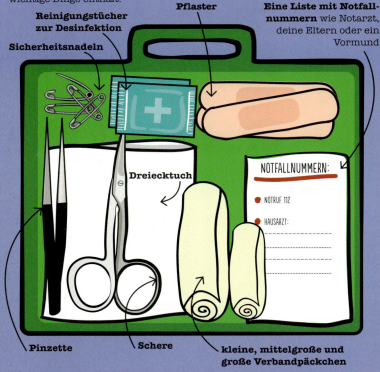

- **Reinigungstücher zur Desinfektion**
- **Sicherheitsnadeln**
- **Pflaster**
- **Eine Liste mit Notfallnummern** wie Notarzt, deine Eltern oder ein Vormund
- **Dreiecktuch**
- **Pinzette**
- **Schere**
- **kleine, mittelgroße und große Verbandpäckchen**

NOTFALLNUMMERN:
- NOTRUF 112
- HAUSARZT:

BINDE EINE ARMSCHLINGE

Einem Patienten mit einer Armverletzung hilfst du, indem du den Arm in einer Schlinge stützt. Wenn es sich um eine ernste Verletzung handelt, solltet ihr aber auf jeden Fall einen Sanitäter oder eine Ärztin aufsuchen.

1 Die betroffene Person sollte sich hinsetzen und den verletzten Arm mit der anderen Hand stützen. Dabei sollten Handgelenk und Hand ein Stück höher als der Ellbogen gehalten werden.

2 Binde vorsichtig ein Dreiecktuch um Arm und Brust. Eine lange Seite des Dreiecks sollte dabei bis über die Schulter reichen. Ziehe den unteren Teil des Tuchs über den Arm und knote es dann mit dem Zipfel über der Schulter neben dem Hals zusammen.

3 Ziehe die hintere offene Seite des Tuchs am Ellbogen über den Arm und sichere die Schlinge mit einer Sicherheitsnadel.

SICHER IST SICHER!
Im Zweifelsfall ruf den Notdienst an. Dort bekommst du Rat, was du tun sollst.

GESCHAFFT! ABGEHAKT AM

34 ZIEH WÜRMER AUF!

Baue deine eigene Wurmfarm! Beobachte die sich ringelnden, kringelnden Würmer beim Kriechen, Fressen und Tunnelgraben durchs Erdreich.

DAS BRAUCHST DU:
- leere 2-Liter-Plastikflasche
- Schere
- kleine Kiesel
- Sand
- Gartenerde
- schwarzes Tonpapier
- Klebeband

1 Schneide vorsichtig den Flaschenhals ab und klebe den oberen Flaschenrand mit Klebeband ab, damit keine scharfen Kanten da sind. Außerdem pikse ein paar kleine Löcher in den Boden zur Entwässerung. (Wirf den Flaschenhals nicht weg.)

2 Schichte dein Material in der Flasche übereinander: die Kiesel auf den Boden, dann Sand, Erde, mehr Sand und noch mehr Erde bis oben zum Rand. Du kannst dir Erde aus eurem Garten oder einem Park holen. Suche dir Regenwürmer im Garten oder kaufe welche im Gartencenter. Wenn deine Wurmfarm so weit ist, setze die Würmer hinein.

3 Wickle das schwarze Tonpapier um die Flasche, damit die Würmer sich wie zu Hause fühlen können. Dann befestige den Flaschenhals mit Klebeband wieder an der Flasche. Am nächsten Tag kannst du mal nachschauen, wie weit sich deine Würmer schon eingegraben haben.

GESCHAFFT! ABGEHAKT AM

WILLKOMMEN IN TETRA-CITY | 35

Wetten, du kannst alles, was du für den Bau einer ganzen Stadt benötigst, aus den Kartons bauen, die normalerweise in die Tonne kommen?

1 Hol dir einen Stapel Kartons. Sie müssen verschieden groß und dick sein. Am besten Müslipackung, Schuhkarton, Keksschachtel, Safttüte, Pappröhren und Spaghettipackung (für Wolkenkratzer natürlich!). Beklebe jede Box mit Papier.

2 Entwirf deine Gebäude und bemale sie mit Buntstiften, Filzstiften und Farbe. Zeichne Fenster, Türen, Ziegelsteine, Kacheln und was immer du sonst an einem Gebäude gesehen hast. Wie wäre es mit Pflanzen, Balkonen oder einem Foto von dir hinter einem Fenster?

3 Stell die Gebäude so auf, dass sie eine Stadt ergeben. Wenn alles an Ort und Stelle ist, kannst du noch mehr Kleinigkeiten hinzufügen, wie Straßen oder einen Park. Die Grenzen dieser Stadt liegen einzig und allein in deiner Fantasie!

WARUM NICHT?
Baue für deine Stadt berühmte Gebäude wie das Empire State Building oder den schiefen Turm von Pisa nach!

GESCHAFFT! ABGEHAKT AM

36 WEBE DEINEN WEG

Schon seit Beginn der Zivilisation werden Stoffe gewebt. Bau dir deinen eigenen Webrahmen – und webe dir selbst einen winzigen Wandteppich.

DAS BRAUCHST DU:
- großes Stück feste Pappe
- Schere
- Klebeband
- Bleistift und Lineal zum Abmessen
- feste Wolle in verschiedenen Farben
- Nadel mit großem Öhr

WARUM NICHT?
Verwende alte Wollreste, um ein kunterbuntes Muster zu gestalten!

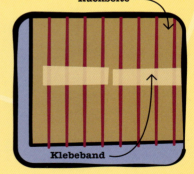

1 Miss mit dem Lineal eine gerade Anzahl Linien entlang der Pappe ab, mit jeweils ca. 1 cm Abstand. Schneide auf der Ober- und Unterseite kleine Kerben in die Pappe. Darin wird der Faden später festgehalten.

2 Wickele einen Wollfaden vorsichtig so um die Pappe, dass er in den Kerben an den Rändern stecken bleibt. Dann befestige die Stränge (Kettfäden) auf der Rückseite der Pappe mit Klebeband, damit sie nicht verrutschen, wenn du webst.

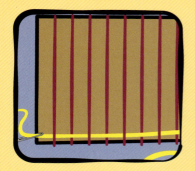 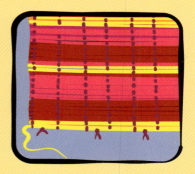

3 Wähle ein Garn in einer anderen Farbe. Verwende die Nadel als Weberschiffchen und ziehe damit deinen Webfaden abwechselnd immer über und unter einem der aufgespannten Kettfäden hindurch. Bist du am Ende einer Reihe angekommen, beginne die nächste Reihe, indem du in entgegengesetzter Richtung weiterwebst.

4 Webe so lange weiter, bis dein ganzer Webrahmen voll ist. Du kannst zwischendurch auch eine andere Garnfarbe nehmen. Schiebe die gewebten Reihen zusammen, damit das Gewebe fester wird. Doch zieh nicht zu fest an den Seiten.

5 Dreh den Webrahmen um, wenn du fertig bist, und schneide die festgeklebten Kettfäden durch. Die Kettfäden ragen nun an den Seiten aus deinem Gewebe. Knote immer zwei nebeneinanderliegende Fadenenden zusammen. Fertig ist dein Meisterwerk!

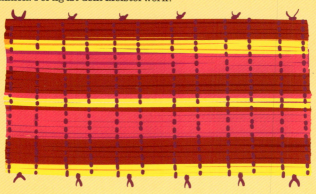

37 KATASTROPHENALARM!

Orkan! Erdbeben! Überschwemmung! Was würdest du tun, wenn du dich plötzlich mitten in einer Katastrophe wiederfändest? Hier sind ein paar Tipps.

NOTFALLAUSRÜSTUNG

Halte einen Erste-Hilfe-Kasten bereit und lege dir einen Vorrat haltbarer Lebensmittel und Wasserflaschen an, falls du für längere Zeit von der Außenwelt abgeschnitten sein solltest. Vergiss nicht, dass du auch Batterien, eine Taschenlampe und eine Decke brauchst.

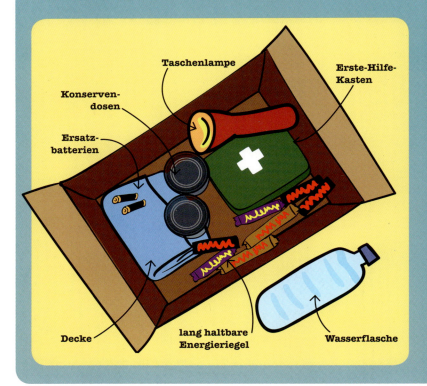

SEI VORBEREITET

Bei einer Naturkatastrophe kann viel passieren, was sich deiner Kontrolle entzieht. Das Beste ist dann, zu wissen, wie du dich in so einem Fall verhalten sollst. Hier findest du die wichtigsten Tipps für einige Katastrophen.

ORKAN

Sturmböen können Äste von Bäumen oder Dachziegel abreißen. Sichere Fenster und Türen und halte dich zu Hause an einem Platz auf, der möglichst nicht in Fensternähe ist.

ÜBERSCHWEMMUNG

Starke Regenfälle können zu Überschwemmungen führen. Suche dir zu Hause einen hoch gelegenen Platz und höre Lokalradio, um mögliche Evakuierungsmaßnahmen mitzubekommen.

ERDBEBEN
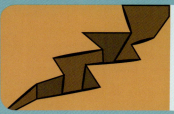
Bei einem Erdbeben können Möbel oder andere Dinge im Haus umkippen. Kauere dich zusammen, schütze deinen Kopf mit den Armen und krieche unter einen stabilen Tisch.

TORNADO

Die Windhose eines Wirbelsturms kann große Verwüstung anrichten. Bist du im Haus, bleib im Erdgeschoss oder Keller. Bist du draußen unterwegs, leg dich in einen Graben.

GESCHAFFT! ABGEHAKT AM

38 WERDE EIN NAVIGATIONS-ASS

Lerne drei verschiedene Sorten von Landkarten zu lesen – und vergiss dein Navi!

KARTENTYPEN

ÜBERSICHTSKARTEN

Das sind die Karten, die wir am meisten verwenden. Sie geben einen Überblick über die Umgebung und das Gelände und wie man von einem Ort zum anderen gelangen kann. Ländergrenzen, Straßen, Schienennetz sind ebenso eingezeichnet wie Wälder, Seen und Flüsse.

THEMATISCHE KARTEN

Das können zum Beispiel politische Karten sein, die Staatsgebiete darstellen (so wie links auf dem Bild) oder die Bevölkerungsdichte oder Verbreitung von Sprachen in bestimmten Gebieten. Dazu gibt es auf der Karte eine Legende, in der die verwendeten Symbole erklärt werden.

PHYSISCHE KARTEN

Physische Karten zeigen, wie die Erdoberfläche geformt ist. Du kannst den Küstenverlauf sehen, Flüsse und Gebirge. Bewaldete Gebiete sind oft grün dargestellt, Wasser blau und Berge braun, je nachdem, wie hoch sie sind, manchmal auch mit weißen Spitzen für Schnee.

KARTEN KRITZELN

Zeichne eine Karte von deiner Umgebung! Du brauchst Papier und Stift und dann denk dir einige treffende Symbole aus. Deine Karte sollte Landmarken enthalten, die helfen, den Weg zu finden – so wie Gebäude, Straßen, Bushaltestellen, Grünflächen. Hast du deine Karte ausgemalt, kannst du noch deine wichtigsten Routen markieren, zum Beispiel deinen Schulweg oder wo du mit anderen im Park Fußball spielst.

KARTENSYMBOLE

Hier sind einige wichtige Symbole abgebildet, die häufig in Übersichtskarten oder auf Stadtplänen vorkommen. Vielleicht willst du noch ein paar davon in deine Karte zeichnen?

Zug

Flughafen

Krankenhaus / Erste Hilfe

Wald

Kirche

Campingplatz

Restaurant

Bergspitze

39 AUF DEN SPUREN DER TIERE

Das Auffinden und Bestimmen von Tierfährten ist echt aufregend! Du musst nur wissen, wonach du Ausschau halten musst – und wo.

TIERART	FÄHRTE
KATZE	🐾
HUND	🐾
HASE	🐾
MÖWE	🐾
EICHHÖRN-CHEN	🐾

1. Such nach Spuren auf weichem Boden wie Schlamm, Sand oder Schnee im Winter.

2. Die Fährte sieht anders aus, je nachdem, was das Tier gemacht hat. Du kannst erkennen, ob es gegangen oder gerannt ist, schwer oder leicht ist oder sogar ob es gestolpert ist.

3. Betrachte dieses Schaubild. Du siehst hier Pfotenabdrücke, die du in der freien Natur entdecken könntest oder vielleicht sogar in eurem eigenen Garten.

GESCHAFFT! ABGEHAKT AM

WERDE MEISTER DER STÄBCHEN! 40

Vor dem Essen sagen Japaner „ita-daki-masu", was so viel heißt wie „Ich empfange dieses Essen". Dann schnappen sie sich ihre Essstäbchen und legen los! Kannst du das auch?

1 Strecke die Hand aus, als wenn du jemandem die Hand schütteln möchtest. Platziere das erste Stäbchen zwischen der Daumenbeuge und der Spitze deines Ringfingers.

2 Halte das zweite Essstäbchen wie einen Bleistift mit Daumen, Zeige- und Mittelfinger. Wichtig: Das erste Essstäbchen wird nicht bewegt!

3 Halte das untere Stäbchen mit deinem Daumen fest, während du das obere Stäbchen bewegst und die Spitzen zusammenbringst. Greife mit derselben Bewegung nach dem Essen.

SCHON GEWUSST?
In Japan gilt es als unhöflich, mit den Stäbchen im Essen zu stochern. Nimm dir daher das einfachste Stück.

41 WELCHES STERNZEICHEN BIST DU?

Der Lehre der Astrologie zufolge sind wir alle unter verschiedenen Tierkreiszeichen geboren. Passt dein Sternzeichen zu dir?

ARIES

Widder
(21. März – 20. April)
Treuer Kumpel, mag Herausforderungen und arbeitet hart

TAURUS

Stier
(21. April – 21. Mai)
Prächtiger Bursche, zuverlässig, aber wird leicht verlegen

GEMINI

Zwillinge
(22. Mai – 21. Juni)
Ein geselliges Pärchen, sehr charmant und einfühlsam

CANCER

Krebs
(22. Juni – 22. Juli)
Geduldig, beschützend und ein bisschen schüchtern

LEO

Löwe
(23. Juli – 23. August)
Ausgelassen, ehrgeizig und steht gerne im Mittelpunkt

VIRGO

Jungfrau
(24. August – 23. September)
Eifrig, ordentlich und immer tipptopp!

LIBRA

Waage
(24. September – 23. Oktober)
Guter Freund, künstlerisch begabt, aber bei Entscheidungen ... auweia!

SCORPIO

Skorpion
(24. Oktober – 22. November)
Gefühlstief, vertrauensvoll und hält bei Geheimnissen dicht

SAGITTARIUS

Schütze
(23. November – 21. Dezember)
Liebenswürdig, gute Einstellung, aber ungeduldig

CAPRICORN

Steinbock
(22. Dezember – 20. Januar)
Realistisch, großzügig und nachdenklich

AQUARIUS

Wassermann
(21. Januar – 19. Februar)
Friedlich, einfallsreich und eher von der ruhigen Sorte

PISCES

Fische
(20. Februar – 20. März)
Verständnisvoll, heiter und gefühlvoll

WARUM NICHT?
Lies dein Horoskop in einer Zeitung oder Zeitschrift nach!

GESCHAFFT! ABGEHAKT AM 21.8.15

42 MACH DICH FIT!

Mit diesen zwei Übungen jeden Tag bleibst du top in Form!

LIEGESTÜTZE

1 Leg dich auf den Boden und stell dir vor, du wärst ein Brett. Das bedeutet genau das, wonach es klingt: Halte den Oberkörper hart und gerade wie ein Brett. Platziere die Hände unter den Schultern und strecke die Arme aus, Oberkörper und Beine dabei gerade ausgestreckt. Achte darauf, dass dein Rücken gerade bleibt.

WARUM NICHT?

Du kannst die Knie aufstützen, die Füße dabei in der Luft, um es für den Anfang leichter zu machen.

2 Beuge die Arme und senke den Körper wieder ab. Strecke dabei weder den Po in die Luft noch mach einen krummen Rücken. Bleib die ganze Zeit steif wie ein Brett. Dann drücke dich wieder nach oben!

SIT-UPS

1 Lege dich auf den Boden, den Rücken gerade und die Arme über der Brust gekreuzt. Winkle die Knie an, die Füße flach auf dem Boden.

2 Benutze allein deine Bauchmuskeln, um den Oberkörper langsam in eine sitzende Position zu heben. Benutze abermals nur die Bauchmuskeln, um zur Ausgangsstellung zurückzukehren. Wiederhole das!

Die Füße bleiben auf dem Boden!

SICHER IST SICHER!

Pass auf, dass du dich beim Trainieren nicht überanstrengst, und mache nicht mehr als 10 Wiederholungen am Tag.

GESCHAFFT! ABGEHAKT AM

43 WOVON TRÄUMST DU?

Wissenschaftler haben noch nicht ganz herausgefunden, warum wir träumen. Doch was wir träumen, kann eine Bedeutung haben!

FALLEN
Etwas bedrückt dich. Vielleicht die wichtige Klassenarbeit demnächst?

VERFOLGT WERDEN
Jemand macht dir Angst.

UNSICHTBARKEIT
Du brauchst etwas mehr Liebe und Zuwendung.

FLIEGEN
Du bist glücklich und fühlst dich frei. Das Leben ist schön!

ZÄHNE
Glückspilz! Bei dir könnt eines Tages der große Reichtum reinschneien!

MONSTER
Etwas macht dir Angst.

GESCHAFFT! ABGEHAKT AM 27.8.15

WARUM NICHT?
Hab nachts ein Traumtagebuch in Reichweite. Schreib auf, was du träumst, um es am Morgen zu deuten.

DER UNZERSTÖRBARE LUFTBALLON 44

Pikst du eine Nadel in einen Luftballon, dann platzt er, nicht wahr? Hau deine Freunde mit diesem simplen Trick um!

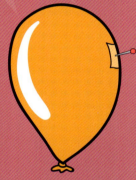

1 Bevor du den Trick deinem Publikum vorführst, klebe ein Stückchen durchsichtiges Klebeband auf den Luftballon.

2 Nun zum Trick! Halte den Ballon so, dass das Klebeband vom Publikum nicht gesehen werden kann. Sprich deine Zauberformel, während du die Nadel vorsichtig (pass auf deine Finger auf!) durch das Klebeband in den Ballon stichst. Der Ballon dürfte nicht platzen!

3 Als letzten Clou und um zu beweisen, dass der Ballon ganz echt und kein Schwindel ist, bring ihn mit der Nadel zum Platzen – deine Show endet mit Knalleffekt!

GESCHAFFT! ABGEHAKT AM

45 STICH TAPFER ZU!

Als Erstes fädele einen Faden durch ein Nadelöhr – und jetzt mach dich nützlich! Nähe einen Knopf und einen Flicken an. Mensch – du stichst ja alle aus!

GESCHICKT EINGEFÄDELT

1 Nimm ein ca. 30 cm langes Garnstück in derselben Farbe wie der Stoff, auf den du etwas nähst. Mach in ein Fadenende einen Knoten, das andere fädele durch das Nadelöhr.

2 Lege den Knopf an die Stelle, an der er angenäht werden soll. Stich die Nadel von hinten durch eins der Löcher des Knopfes und zieh den Faden durch, dann durch das diagonal gegenüberliegende Loch wieder zurück. Mache das Gleiche mit den anderen beiden Löchern, sodass der Faden ein X über den Knopflöchern bildet. Wiederhole beide Schritte mindestens sechsmal.

3 Sitzt der Knopf fest, mache ein paar kleine Stiche auf der Stoffrückseite, um den Faden zu vernähen. Sei immer vorsichtig, dass du dir nicht in den Finger stichst!

GESCHICKT GEFLICKT

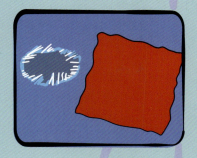

1 Schneide als Erstes ein Viereck aus einem Stoff. Es sollte an jeder Seite etwa 4 cm größer sein als das Loch, das du flicken willst.

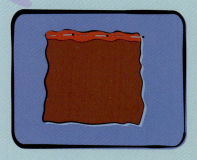

2 Falte die Ecken deines Flickens nach innen und stecke ihn vorsichtig mit Stecknadeln auf der Jeans über dem Loch fest.

3 Nähe den Flicken mit kleinen Stichen an den Jeansstoff. Deine Stiche sollten etwa 0,5 cm Abstand zum Flickenrand haben. Piks dir nicht in die Finger dabei!

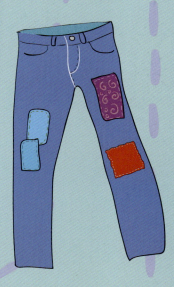

WARUM NICHT?
Such dir einen flippigen Stoff für die Flicken aus und designe deine eigene abgefahrene Patchworkjeans!

GESCHAFFT! ABGEHAKT AM

46 DREH EIN WUNDERDING

Das „Wunderding" hat einen Namen: Es heißt Thaumatrop („Wunderscheibe") und spielt dir eine optische Täuschung vor, sodass ein spannendes Bild entsteht.

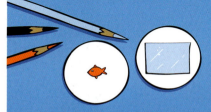

1 Lege zwei Pappkreise auf einen Tisch. Zeichne ein Aquarium auf den einen und einen Fisch in die Mitte des anderen. Male beide bunt an.

2 Klebe die beiden Pappkreise mit dem Rücken aneinander und einen Bleistift in die Mitte dazwischen. Der Bleistift sollte so weit raustehen, dass du ihn mit den Handflächen bedecken kannst.

3 Drehe den Bleistift zwischen deinen Handflächen ganz schnell hin und her. Die beiden Bilder auf den Pappscheiben sollten beim Drehen nun ineinanderverschmelzen, sodass du den Fisch im Aquarium sehen kannst!

GESCHAFFT! ABGEHAKT AM

SO FUNKTIONIERT ES:
Die optische Täuschung klappt am besten, wenn du sehr schnell drehst. Dann denkt dein Gehirn, die zwei Bilder gehörten zusammen. Drehst du zu langsam, siehst du nur zwei einzelne Bilder abwechselnd.

BALANCIERE EINEN LÖFFEL AN DER NASENSPITZE 47

Der Hit für deine nächste Party! Du brauchst nur einen Löffel und jede Menge Konzentration!

1 Schnapp dir einen kleinen Löffel für den Trick. Zum Beispiel einen Teelöffel.

2 Reibe die hohle Seite des Löffels an deiner Nase, damit Reibespannung entsteht. Leg den Kopf leicht nach hinten und reibe weiter. Sobald der Löffel an deiner Nase kleben bleibt, lass den Stiel los.

3 Klappt es nicht so richtig, den Löffel „anzukleben"? Hauche ihn mal an oder rubble ein paarmal mit dem Zeigefinger daran. Dann versuch es noch mal. Das sollte helfen.

WARUM NICHT?
Probiere gleichzeitig noch etwas anderes, während du den Löffel balancierst. Sing ein Lied, tanze herum oder sage ein Gedicht auf!

GESCHAFFT! ABGEHAKT AM

48 IM MINIFORMAT

Ein eigenes Minidaumenkino machen? Das ist fast so, wie einen Film zu drehen – nur besser, denn du brauchst bloß Papier, Stift und ... Fantasie!

1 Besorge dir einen Stapel dünnes Papier, das man leicht durhblättern kann. Ein Block Klebezettel oder ein kleines Notizbuch wären am besten.

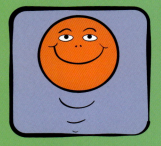

2 Wähle ein Thema! Du musst kein großer Künstler zu sein – du kannst auch einfach Strichmännchen kritzeln oder einen hüpfenden Ball.

3 Fang auf der letzten Seite deines Blocks an und zeichne das erste Bild. Male es auf der nächsten Seite weiter – jedes Mal ein bisschen verändert, damit du die Bewegung darstellen kannst.

4 Größere Veränderungen von einer Zeichnung zur nächsten erscheinen später beim Blättern als schnellere Bewegung. Kleine Veränderungen erscheinen langsamer.

5 Male einen Hintergrund hinzu, wie Sonne und ziehende Wolken, der sich ebenfalls bei jedem Bild verändert. Dann sieht alles so aus, als ob es sich bewegt!

6 Bist du mit deinen Skizzen zufrieden? Dann ziehe noch die Konturen der Figuren nach. So kann man sie besser erkennen. Jetzt fang bei der letzten Seite an und blättere die Seiten durch – und erwecke dein Daumenkino zum Leben!

WARUM NICHT?
Wie wär's mit ein paar Spezialeffekten? Im Hintergrund könnten einzelne Wörter auftauchen oder ein Vogel könnte auf dich zufliegen!

49 LASS DIE PUPPEN TANZEN

Im Handumdrehen kannst du mit einfachsten Mitteln eine ganz schön schräge Handpuppe herstellen: mit einer Socke!

DAS BRAUCHST DU:
- große Socke
- Stück dicke Pappe
- Schere
- Farbstifte
- zwei Knöpfe oder Kulleraugen, Flaschenbürsten, etwas Wolle und andere Bastelsachen, die du finden kannst
- Kleber für Stoff

1 Schneide ein großes Oval aus der Pappe und knicke es in der Mitte. Das wird der Mund für deine Puppe.

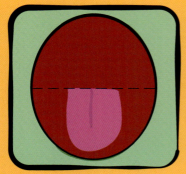

2 Male das Oval so an, dass es wie ein offener Mund aussieht. Du kannst Zähne malen, eine Zunge oder sogar einzelne Wörter!

3 Schiebe deine Hand in die Socke und finde den „Mund": Stecke den Daumen in das Fersenstück und die anderen Finger in den Zehenteil.

4 Gib etwas Kleber in die Falte und setze den Pappmund hinein. Lass es trocknen.

5 Zu guter Letzt gestalte deine Puppe mit allen möglichen Bastelmaterialien, um ihr eine richtige Persönlichkeit zu geben: Augen (Knöpfe), Frisur (aus Wolle), komische Ohren (z. B. Flaschenbürsten) oder vielleicht sogar ein Cape aus einem Stoffstück!

Wollhaar

Knopfaugen

Pappzunge

WARUM NICHT?
Ist deine Puppe fertig, erwecke sie zum Leben ... guck mal auf der nächsten Seite nach, wie du sie zum Sprechen kriegen kannst!

GESCHAFFT! ABGEHAKT AM

50 SPRICH AUS DEM BAUCH HERAUS ...

Du hast nun deine eigene Handpuppe – jetzt bring ihr das Sprechen bei!

NA, DU ALTE SOCKE?!

1 Wecke die Aufmerksamkeit deines Publikums: „Psst, habt ihr das gehört?" So werden alle gleich viel aufmerksamer zuhören.

2 Verstell deine Stimme und bewege deine Lippen beim Sprechen so wenig wie möglich. Kontrolliere dabei deine Atmung und sprich nur aus dem Inneren deines Mundraums.

3 Die Buchstaben B, F, M, P, Q, V und W bilden eine ganz schöne Herausforderung beim Sprechen, weil sie normalerweise mit den Lippen gebildet werden. Probiere sie so zu ersetzen, wie hier in der Tabelle angezeigt.

LAUT	TIPP
Für B	Ersetze es mit einem „g"-Laut wie in „Spaghetti", den du in der Kehle bildest.
Für F	Versuche es mit einem „th"-Laut wie im Englischen z. B. bei „the". So wird „fabelhaft" zu „thabelhaft".
Für M	Probiere stattdessen ein „N", sodass „Marmelade" zu „Narnelade" wird.
Für P	Versuche dafür einen Laut wie „kl", der auch in der Kehle gebildet wird; „Pizza" wird dann zu „Klizza".
Für Q	Schwierig ist der „kw"-Laut; versuche das „w" mehr wie einen Selbstlaut (Vokal) zu dehnen, sodass „Qualle" zu „Kuualle" wird.
Für V	Versuche genau wie beim F den englischen „th"-Laut.
Für W	Probiere es (wie beim Q) vokalischer zu sprechen, also mehr wie „u"; „Waffel" klingt dann mehr wie „Uathel".

GESCHAFFT! ABGEHAKT AM

SCHÜTTLE DIR EIN EIS! 51

Du kannst echte Eiscreme selbst machen – in einer Plastiktüte!

DAS BRAUCHST DU:
- kleinen verschließbaren Gefrierbeutel
- großen verschließbaren Gefrierbeutel
- jede Menge Eiswürfel (um den großen Beutel zu füllen)
- 230 ml Sahne
- 60 g Salz
- 1 Esslöffel Zucker
- ½ Teelöffel Vanilleextrakt
- Schoko- oder Fruchtstücke, Nüsse

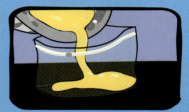

1 Vermische Zucker, Sahne und Vanilleextrakt in einer Schüssel und schütte die Mischung in den kleinen Beutel. Verschließe ihn fest.

2 Gib das Salz und die Eiswürfel in den großen Beutel. Dann lege den verschlossenen kleinen Beutel in den großen Beutel.

3 Verschließe den großen Beutel. Schüttele so lange, bis die Mischung fest wird. Das sollte etwa 5–10 Minuten dauern. Ta-daah! Du hast Eiscreme!

WARUM NICHT?
Garniere deine fertige Eiscreme zum Beispiel mit frischem Obst oder Schokosoße!

Kirsche
Schokosoße

GESCHAFFT! ABGEHAKT AM

52 AN DIE STIFTE, FERTIG – SPIELSPASS!

Hier brauchst du nur Stift, Papier und ein oder zwei Mitspieler, dann kann's auch schon losgehen!

GALGENMÄNNCHEN

Denk dir ein Wort aus und verrate deinem Mitspieler nur das Thema (Ort, Person, Film, Sport). Im Beispiel hier ist es „Pony". Zeichne Striche auf für jeden Buchstaben in deinem Wort. Dann muss dein Mitspieler raten, welche Buchstaben in dem Wort vorkommen könnten. Rät er richtig, schreibe den Buchstaben in die entsprechende Lücke. Liegt er daneben, zeichne einen Strich für das Galgenmännchen. Nach sechs Versuchen hängt das Galgenmännchen! Hier siehst du die einzelnen Schritte für das Galgenmännchen:

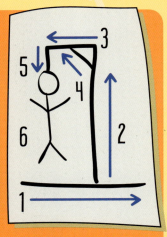

     _ O _ Y

KÄSEKÄSTCHEN

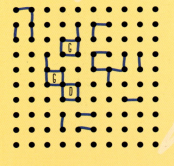

Zeichne als Erstes ein Gitter aus lauter Punkten, ca. 10 x 10 Punkte (wie auf dem Bild links). Jetzt zieht abwechselnd Linien zwischen den Punkten. Das Ziel ist es, bei einem Zug ein Kästchen fertigzustellen. Hast du ein Kästchen fertig, schreib den Anfangsbuchstaben deines Namens hinein oder male es bunt an. Gewonnen hat, wer am Ende, wenn alle Linien gezeichnet sind, die meisten geschlossenen Kästchen hat.

SCHARADE

Für dieses Spiel müsst ihr mindestens zu dritt sein. Schreibt auf Papierstreifen die Titel von Büchern, Filmen oder Fernsehsendungen. Dann faltet die Papierstreifen zusammen und mischt sie. Jeder ist abwechselnd dran, einen Zettel zu ziehen, und muss den Begriff darauf dann als Pantomime darstellen. *Pssst!* – Wer dran ist, darf keinen Mucks von sich geben! Das kann dann zum Beispiel so aussehen:

BUCH

FILM

FERNSEHSENDUNG

DU HAST ES!

GESCHAFFT! ABGEHAKT AM

53 AN DIE BRETTER, FERTIG – SPIELSTART!

Langweile dich am nächsten Regentag nicht mit alten Spielen – denk dir einfach dein eigenes Brettspiel aus!

1 Als Erstes entwirf das Spielbrett. Das einfachste Spielbrett ist viereckig mit je 10 kleinen, ebenfalls viereckigen Feldern auf jeder Seite. Bestimme einige der Felder als Aktionsfelder und male sie bunt an.

2 Entscheide dich, was für ein Spiel du machen willst. Magst du lieber Fragen beantworten oder Aufgaben lösen? Denk dir lustige Dinge aus, die man machen muss, wenn man auf einem Aktionsfeld landet. Schreibe die Aufgaben auf kleine Karten oder Papierstücke und lege sie verdeckt auf einen Stapel.

3 Bevor es losgeht, überlege dir noch ein paar lustige Spielregeln. Wirf einen Würfel, und dann ist jeder der Reihe nach dran, seine Figur über das Spielfeld zu rücken.

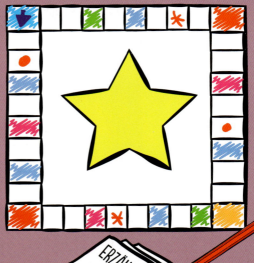

ERZÄHL EINEN WITZ

TIPP FÜR DICH
Du brauchst Spielfiguren für das Spielbrett. Dafür kannst du Glasperlen, Münzen, kleine Figuren oder Süßigkeiten nehmen.

GESCHAFFT! ABGEHAKT AM

MACH DEN OLLIE! 54

Ein toller Skateboardtrick ist ein Sprung namens Ollie. Doch denk dran, beim Skateboardfahren **immer** einen Helm aufzusetzen!

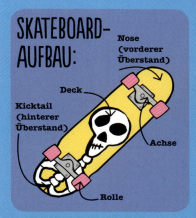

1 Geh in die Knie. Bei (langsamem) Rollen tritt den rechten Fuß ruckartig, so fest du kannst, nach unten auf den Kicktail. Spring mit beiden Füßen in die Luft (über das Skateboard).

2 Während das Board vorne hochschnellt, zieh deinen linken Fuß über das Deck. Es wird Zeit und Schweiß kosten, bis du den Bogen raushast – also halt dich ran!

3 Federe beim Landen in den Knien, um den Aufprall abzufangen. Bald schon beherrschst du den Ollie beim Skaten aus dem Effeff, egal wann und wo.

GESCHAFFT! ABGEHAKT AM

55 WUNDERWELT DER ANTIKE

Es gibt sieben berühmte Weltwunder der Antike. Einige von diesen Bauwerken gibt es heute noch. Die anderen sind im Laufe der Zeit verschwunden.

1. DIE PYRAMIDEN VON GISEH IN ÄGYPTEN
Wann? 2500 v. Chr.
Was? Gigantische Steingräber aus über 2 Millionen Steinblöcken gebaut, bis zu 230 m breit und 140 m hoch.
Spannend: Jeder Steinblock wiegt mehr als ein Auto!

2. DIE HÄNGENDEN GÄRTEN VON BABYLON
Wann? Unbekannt
Was? Üppige Gartenanlage mit Bäumen, die auf riesigen Terrassenstufen des Palastes gewachsen sind.
Spannend: Es gibt keinen wissenschaftlichen Beleg für diese Gärten. Deshalb heißt es auch, sie seien nur eine Sage.

3. DER ARTEMIS-TEMPEL IN EPHESOS
Wann? 6.–4. Jahrhundert v. Chr.
Was? Ein großartiger Tempel zu Ehren von Artemis, der griechischen Göttin der Jagd.
Spannend: Mehrmals durch Überschwemmung, Erdbeben und Brandstiftung bedroht, zerstört und wiederaufgebaut.

4. DER KOLOSS VON RHODOS
Wann? 292 v. Chr.
Was? Riesige, 30 m hohe Statue des Sonnengottes Helios, des Schutzgottes von Rhodos.
Spannend: Die Statue wurde aus Bronze gegossen. Die dafür benötigten Metalle sollen von Rüstungen stammen, die nach einer Schlacht eingesammelt und eingeschmolzen wurden.

5. DER LEUCHTTURM VON ALEXANDRIA
Wann? 3. Jahrhundert v. Chr.
Was? Der erste Leuchtturm der Welt, um Seefahrer in den sicheren Hafen zu geleiten.
Spannend: Tagsüber verwendete man Spiegel, um das Sonnenlicht zu reflektieren. In der Nacht wurden Leuchtfeuer entzündet.

6. DIE ZEUSSTATUE DES PHIDIAS VON OLYMPIA
Wann? 5. Jahrhundert v. Chr.
Was? Eine enorme Statue des griechischen Göttervaters Zeus auf seinem Thron, aus Elfenbein, Gold, Holz und anderen Materialien.
Spannend: Die Statue hielt eine Skulptur der Siegesgöttin Nike in der rechten Hand.

7. DAS MAUSOLEUM ZU HALIKARNASSOS, TÜRKEI
Wann? 4. Jahrhundert v. Chr.
Was? Eine mit Säulen und Skulpturen geschmückte Grabstätte.
Spannend: Das Wort „Mausoleum" für bauwerkartige Grabmäler leitet sich vom Namen des Königs Mausolos II. ab, für den diese Grabstätte gebaut wurde.

GESCHAFFT! ABGEHAKT AM

56 SEI EIN VERRÜCKTER WISSENSCHAFTLER

Verändere die Farbe von Flüssigkeiten mit ganz alltäglichen Dingen!

DAS BRAUCHST DU:
- Rührschüssel, am besten aus Glas
- 7 durchsichtige Plastikbecher
- Rotkohl
- Küchenmesser
- etwa je 120 ml von folgenden Flüssigkeiten:
  - Zitronensaft
  - Essig
  - Natron oder Backpulver
  - farbloses und farbiges Spülmittel
  - Ketchup
  - Limonade oder Cola
  - Leitungswasser

1 Schneide den Rotkohl vorsichtig klein. Dann gib einige Stücke in eine Schüssel mit 250 ml Wasser. Vermatsche den Rotkohl mit einer Gabel, bis das Wasser sich rotviolett färbt. Schütte 20–30 ml der Flüssigkeit in jeden Plastikbecher.

2 Nun füge je 20–30 ml deiner 7 Flüssigkeiten einzeln in jeden Becher. Schreib dir am besten auf, welche Flüssigkeit wo drin ist. Die Flüssigkeiten in den Bechern sollten jetzt ihre Farbe wechseln!

VERSUCHSERGEBNIS

Verfärbt sich der Kohlsaft rot, heißt das, du hast eine **saure** Flüssigkeit, wie der Zitronensaft. Wird der Saft blau, ist die Lösung **alkalisch** oder **basisch**, wie das Backnatron. Verändert sich die Farbe überhaupt nicht, ist deine Lösung **neutral**.

GESCHAFFT! ABGEHAKT AM

RÜSTE DICH FÜR EINE CAMPINGTOUR

57

Eine Zelttour muss gut geplant und vorbereitet werden – nach dieser Seite weißt du Bescheid!

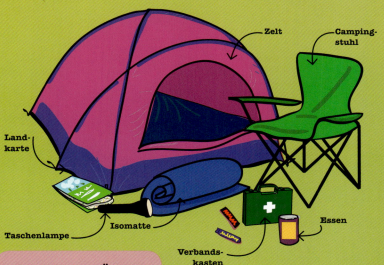

- Zelt
- Campingstuhl
- Landkarte
- Taschenlampe
- Isomatte
- Verbandskasten
- Essen

SEI GUT GERÜSTET

Packe die Sachen ein, die du unbedingt brauchst, um in der freien Natur zu übernachten – so wie Zelt, Schlafsack und Isomatte. Bedenke beim Planen, wo du zelten wirst und wie das Wetter dort ist, und steck warme Kleidung ein. Denk auch an Verbandskasten, Verpflegung, Taschenlampe und eine Landkarte für die ultimative (und sichere) Outdoorerfahrung!

SICHER IST SICHER

Sag immer jemandem Bescheid, wo du dich aufhältst, und geh niemals alleine zelten!

GESCHAFFT! ABGEHAKT AM

58 MUTIERE ZUM WANDELNDEN LEXIKON

Hau deine Clique mit deinem Wahnsinnswissensschatz um! Mit diesen coolen nerdigen Fakten!

Genau wie Fingerabdrücke hat auch jeder Mensch einen einzigartigen **Zungen**abdruck.

Nur 20% der Wüsten auf der Erde sind Sandwüsten. Die anderen sind Fels- oder Salzwüsten oder bedeckt mit **Schnee.**

Die **Spannweite deiner Arme** entspricht deiner **Körpergröße.** Echt wahr!

Frösche machen nie die Augen zu, wenn sie **schlafen.**

1,2 Millionen Moskitos müssten alle gleichzeitig zustechen, um einem menschlichen Körper **alles Blut auszusaugen.**

Der meiste Staub im Haus entsteht durch **abgestorbene Hautzellen.**

Katzen schlafen **16 bis 18 Stunden** am Tag.

WARUM NICHT? Wenn du auf neue ausgefallene Fakten stößt, notiere sie in deinem Tagebuch. Schau mal bei Nummer 60 nach!

GESCHAFFT! ABGEHAKT AM

VERSUCH DICH ALS WETTERPROPHET

59

Die Wolken am Himmel über dir sehen nicht nur hübsch aus, sondern können dir eine MENGE über das Wetter verraten!

ZIRRUS
Zirruswolken sind feine, fedrige Eiswolken. Man sieht sie oft an einem klaren Himmel. In der nächsten Zeit müsste es dann heiter und trocken bleiben!

ALTOKUMULUS
Diese Schichtwolken sehen aus wie kleine Ballen – „Schäfchenwolken". Viele davon zusammen können aber Sturmwolken bilden.

KUMULUS
Das sind Haufen- oder Quellwolken. Sie sind groß und flauschig wie Wattebäusche und verschwinden, ehe die Sonne untergeht. Eine große Anzahl von ihnen kann Regen bedeuten.

KUMULONIMBUS
Wenn es draußen grau ist, liegt das wahrscheinlich daran, dass eine turmförmige Kumulonimbuswolke den Himmel bedeckt! Dann regnet es in deiner Nähe oder es gibt sogar Gewitter.

GESCHAFFT! ABGEHAKT AM

60 „LIEBES SELBST GEMACHTES TAGEBUCH ..."

Tagebuch zu schreiben macht Spaß, und vielleicht wirst du sogar einmal ein großer Autor oder eine erfolgreiche Schriftstellerin! Mit diesen Tipps kannst du dir selbst ein Tagebuch gestalten.

DAS BRAUCHST DU:

- dickes weißes Papier (DIN A3)
- mehrere Blätter Schreibpapier (DIN A4)
- Buntstifte, Aufkleber und Filzstifte
- Locher und Tacker
- buntes Band

1 Nimm ein Blatt DIN-A3-Papier und falte es in zwei Hälften (wie eine Geburtstagskarte) – das wird der Umschlag deines Tagebuchs, also verziere ihn so, wie es dir gefällt.

2 Loche die Knickkante in halber Höhe, nah am Rand.

3 Nimm die DIN-A4-Seiten und loche sie in der Mitte des linken Randes. Das werden die Innenseiten deines Tagebuchs.

4 Lege die A4-Blätter zwischen die beiden Umschlaghälften, sodass alle Löcher übereinander sind.

5 Ziehe ein Band durch die Löcher im Umschlag und alle Innenseiten. Dann binde alles zusammen.

6 Fertig ist dein Tagebuch und wartet nur auf deine Einträge! Du kannst auch Papier ohne Linien nehmen und es dann zum Beispiel als Skizzenbuch verwenden.

WARUM NICHT?
Denk dir einen Code aus, den nur du verstehst, damit niemand sonst dein Tagebuch lesen kann (schau mal bei Nummer 31).

GESCHAFFT! ABGEHAKT AM

61 KENNST DU DIE PHASEN DES MONDES?

Der Mond sieht immer anders aus, während er die Erde umkreist. Diese verschiedenen Erscheinungsformen nennt man Mondphasen. In welcher Phase ist der Mond heute Nacht?

Erstes Viertel

zunehmender Dreiviertelmond

zunehmende Mondsichel

GESTALTWANDLER

Während der Mond die Erde umkreist, trifft ihn das Licht der Sonne immer aus einem anderen Winkel. Deshalb sieht es so aus, als würde der Mond seine Form verändern. Für eine Erdumrundung braucht der Mond 29,5 Tage.

Vollmond

Neumond

abnehmender Dreiviertelmond

abnehmende Mondsichel

Letztes Viertel

GESCHAFFT! ABGEHAKT AM

EIN ZEHNFACHES DANKESCHÖN!

62

Sei der perfekte höfliche Gast, egal, wo du bist – denn du kannst in zehn verschiedenen Sprachen „Danke!" sagen.

- „GRACIAS" **Spanisch**
- „MERCI" **Französisch**
- „TAK" **Dänisch**
- „SPASIBO" **Russisch**
- „GRAZIE" **Italienisch**
- „KIITOS" **Finnisch**
- „TACK" **Schwedisch**
- „DANK JE" **Niederländisch**
- „XIÈXIE" **Chinesisch (Mandarin)** ausgesprochen „schye-schye"
- „ARIGATÔ" **Japanisch**

GESCHAFFT! ABGEHAKT AM 22.8.15

63 ENTFESSELE ZU HAUSE EINEN VULKAN

Vergiss den Chemiebaukasten – plündere den Küchenschrank! Frag aber vorher deine Eltern.

DAS BRAUCHST DU:
- Knetmasse
- 1-Liter-Plastikflasche mit Deckel
- rote Lebensmittelfarbe
- Spülmittel
- klaren Essig
- 30 g Backpulver
- warmes Wasser
- Plastiktrichter
- Backblech

1 Stelle die Plastikflasche auf ein Backblech. Schichte die Knetmasse drum herum, bis es wie ein Berg aussieht. Lass die Flaschenöffnung frei und pass auf, dass dort nichts hineingerät.

2 Mixe ein paar Tropfen rote Lebensmittelfarbe mit Wasser, bis die Flüssigkeit einen feuerroten Ton annimmt.

3 Gieße das rote Wasser mithilfe des Trichters in die „Krateröffnung" deines Knetberges.

4 Gib vorsichtig 6 Tropfen Spülmittel und 30 g Backpulver in den Krater.

SCHON GEWUSST?

- Das Wort „Vulkan" leitet sich ab von Vulcanus, dem römischen Gott des Feuers.

- Der größte bekannte Vulkan des Universums, der Olympus Mons, liegt auf dem Mars. Mit einem Durchmesser von 600 km ist er so groß, wie ganz Österreich breit ist!

- Einer der Jupitermonde ist ganz und gar mit Vulkanen bedeckt.

5 Achtung, es ist so weit: Dein Vulkan bricht gleich aus! Gieße langsam den klaren Essig durch den Trichter hinein. Du brauchst nicht viel, ehe der Vulkan ausbricht!

WARUM NICHT?
Streue Sand auf das Backblech und verteile noch ein paar Dinofiguren – und schon hast du eine urzeitliche Vulkanlandschaft!

GESCHAFFT! ABGEHAKT AM

64 SPIELE DEINEM GEHIRN DREI STREICHE

Diese drei optischen Täuschungen sehen zwar simpel aus, aber manche Dinge sind nicht so, wie sie auf den ersten Blick scheinen!

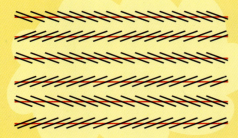

1 Die roten Linien sehen aus, als ob sie schräg wären. Sind sie das wirklich?

In Wahrheit sind sie vollkommen gerade! Diese Illusion wurde von dem deutschen Astrophysiker Johann Karl Friedrich Zöllner entdeckt.

2 Welcher der beiden roten Kreise unten ist größer?

Du meinst, du hast es raus? Nun, tatsächlich sind beide genau gleich groß. Der untere sieht nur durch die kleineren blauen Kreise ringsherum größer aus!

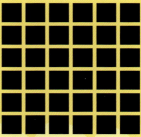

3 Das Gitternetz oben besteht aus Vierecken. Doch kannst du auch Punkte sehen?

Diese optische Täuschung nennt man ein Hermann-Gitter (nach dem Physiologen Ludimar Hermann) oder Hering-Gitter (nach dem Hirnforscher Ewald Hering).

✓ GESCHAFFT! ABGEHAKT AM 21.8.15

LASS ES SCHNEIEN 65

Schneekugeln zeigen ein Miniaturbild, auf das Schnee fällt. Probiere mal aus, deine eigene Kugel mit Schneelandschaft zu machen!

1 Nimm ein leeres Marmeladenglas mit einem Deckel. Wasche es aus und entferne die Schilder.

2 Klebe kleine Gegenstände wie eine Spielfigur auf die Unterseite des Deckels. Nimm einen starken Kleber, damit die Figur später im Glas nicht abgeht.

3 Fülle das Glas fast bis zum Rand mit destilliertem Wasser (kannst du zum Beispiel in der Apotheke bekommen). Nun streue einen Löffel voll Glitter hinein.

4 Setze den Deckel mit der angeklebten Figur vorsichtig wieder auf das Glas und schraube ihn fest darauf.

GESCHAFFT! ABGEHAKT AM

66 ECHT ABGEDREHT!

Dreh mit deiner Clique zusammen einen Film. Das kann irre Spaß machen! Hier sind ein paar Tipps für dein Regiedebüt. Halte dich an die „vier S":

SCRIPT

1 Hast du eine Idee für eine Handlung und Personen, schreibe ein Drehbuch. Jeder deiner Schauspieler bekommt den Teil des Scripts mit seiner Rolle zum Lernen.

STORYBOARD

2 Hier skizzierst du wie in einem Comic, wie jede Szene deines Drehbuchs aussehen soll, sodass du das Szenenbuch als Leitfaden beim Drehen nehmen kannst.

SPEZIALEFFEKTE

3 Mithilfe von Maske, Perücke und Kostüm kannst du jeden Kumpel in einen Starschauspieler verwandeln!

SET UND SZENERIE

4 Du musst nicht an exotischen Orten drehen, auch dein Zuhause kann eine fantastische Kulisse für ein Filmset abgeben. Vielleicht treten deine Familienmitglieder ja als Komparsen auf!

TOTALE
Mit dieser Kameraeinstellung kannst du zeigen, wo sich die Handlung abspielt, zum Beispiel die Landschaft.

HALBNAHE
Bei dieser Einstellungsgröße zeigst du die Handlung aus dem Blickwinkel des Charakters.

GROSSAUFNAHME
Mit dem sogenannten Close-up kannst du die Gefühle und Reaktionen im Gesicht einer Person zeigen.

DETAIL
Hierbei kannst du dich noch stärker auf Einzelheiten konzentrieren. Wenn eine Detailaufnahme haargenau die Mimik eines Gesichts zeigt, kann das sehr viel Spannung erzeugen!

GESCHAFFT! ABGEHAKT AM 3.10.15

67 BUNNY, HOPP ...

Punkte bei deiner Clique, indem du mit deinem BMX diesen irren „Bunny Hop" hinlegst! Denk dran, sicherheitshalber **immer** einen Helm zu tragen – nur, falls du das mit dem Hinlegen zu wörtlich nehmen solltest.

1 Beuge dich langsam nach vorne. Mach dich bereit, das Vorderrad deines Rads hochzuziehen.

2 Zieh das Vorderrad nach oben. Sobald es sich wieder Richtung Boden bewegt, kicke mit den Beinen den Hinterteil des Rades nach oben.

WARUM NICHT?
Ist dein BMX-Trick schon filmreif? Dann nimm ihn doch als Stunt für einen Kurzfilm! Mehr Tipps dazu findest du bei Nummer 66!

3 Mit beiden Rädern in der Luft kannst du einfach über Hindernisse hinwegsetzen.

4 Für eine glatte Landung beuge deine Arme und Knie, wenn du auf den Boden aufsetzt. Versuch immer, auf dem Hinterrad zu landen oder auf beiden Rädern.

GESCHAFFT! ABGEHAKT AM

68 SCHREIB MIT UNSICHTBARER TINTE

Willst du einem Freund eine geheime Botschaft schicken? Hier ist ein todsicherer Weg, dass niemand sonst irgendetwas sieht!

DAS BRAUCHST DU:
- Malpinsel oder Wattestäbchen
- weißes Papier
- Zitronensaft
- kleine Schüssel
- Lampe

1 Tauche den Pinsel oder das Wattestäbchen leicht in den Zitronensaft und schreibe damit eine Nachricht auf ein weißes Blatt Papier.

2 Während das Papier trocknet, verschwindet die Schrift. Falte das Blatt zusammen und gib es deinem Freund.

3 Um die Nachricht zu lesen, halte das Papier dicht an eine Lampe. Wenn sich das Papier erwärmt, wird der Zitronensaft deine Botschaft sichtbar machen!

GESCHAFFT! ABGEHAKT AM

WAS VERRATEN DEINE HÄNDE ÜBER DICH?

69

Jahrhundertelang haben Menschen versucht, ihr Schicksal aus der Hand zu lesen. Wirf einen Blick auf deine Hand – was hält die Zukunft für dich bereit?

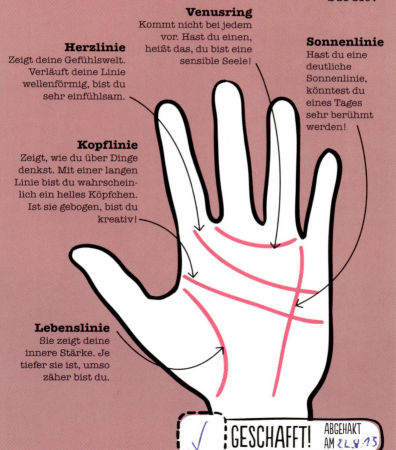

Venusring
Kommt nicht bei jedem vor. Hast du einen, heißt das, du bist eine sensible Seele!

Herzlinie
Zeigt deine Gefühlswelt. Verläuft deine Linie wellenförmig, bist du sehr einfühlsam.

Sonnenlinie
Hast du eine deutliche Sonnenlinie, könntest du eines Tages sehr berühmt werden!

Kopflinie
Zeigt, wie du über Dinge denkst. Mit einer langen Linie bist du wahrscheinlich ein helles Köpfchen. Ist sie gebogen, bist du kreativ!

Lebenslinie
Sie zeigt deine innere Stärke. Je tiefer sie ist, umso zäher bist du.

GESCHAFFT! ABGEHAKT AM 22.8.23

70 FREIE BAHN FÜR ... HINDERNISSE!

Ein Hindernislauf durchs Haus gehört zu den besten Sachen, die man an einem verregneten Tag veranstalten kann! Baue deine eigene Hindernisstrecke!

START

1 Stofftierwerfen: Stelle einen Wäschekorb auf die andere Seite des Zimmers, schnapp dir einen Armvoll Kuscheltiere und versuch, sie in den Korb zu werfen. Drei von fünf Versuchen müssen Treffer sein, bevor du weiterdarfst!

2 Luftsprünge: An dieser Station müssen alle Mitspielenden eine Folge von Luftsprüngen machen. Macht einen Scherensprung, einen Froschsprung und einen Hasenhüpfer.

3 Hula-Hoop-Hopsen: Leg einen Hula-Hoop-Reifen auf den Boden und hüpf zehnmal mit beiden Beinen rein und raus.

4 Durch den Tunnel: Drapiere ein großes Laken oder eine Decke über mehrere Stuhllehnen, sodass ein Tunnel entsteht. Krieche durch den Tunnel und wieder zurück, ehe du zur nächsten Station weiterlaufen darfst.

5 Seiltanzen: Lege einen Schal in gerader Linie über den Fußboden und stell dir vor, du wärst eine Seiltänzerin! Lauf über den Schal, ohne danebenzutreten, mit ausgebreiteten Armen, um die Balance zu halten.

6 Hut ab für die Zielgerade! Schnapp dir einen Stapel Hüte, Schals und Handschuhe. Jeder Mitspielende muss alles anziehen, sich in Pose werfen und dann alles wieder ruck, zuck ausziehen.

ZIEL

GESCHAFFT! ABGEHAKT AM

71 MEISTERHAFTER PINSELSTRICH

Pinsele drauflos im Stil von weltbekannten Künstlern! Hier wird nicht gekleckert! Oder eben doch ... Lass dich inspirieren von den Techniken zweier großer Künstler!

SPRITZTECHNIK

Der amerikanische Künstler Jackson Pollok hat diese Technik für seine berühmten Kunstwerke verwendet. Probier's doch selbst mal aus!

DAS BRAUCHST DU:
- Papier oder Leinwand
- Farbe
- Malpinsel
- Zeitung
- Malerkrepp
- Bleistift
- Holzleim

1 Decke als Erstes den Fußboden mit Zeitungspapier ab, das du mit Malerkrepp befestigen kannst. Lege dein leeres Blatt Zeichenpapier oder Leinwand auf die Zeitung.

2 Stelle dich über dein Zeichenblatt und tauche den Pinsel in die Farbe. Dann schüttele und spritze Farbe von links nach rechts auf das Papier. Wiederhole das mehrere Male mit unterschiedlichen Farben.

IMPASTO-MALTECHNIK

Dabei trägt man die Farbe sehr dick auf, sodass man die Pinselstriche noch sehen kann und sich beim Trocknen Konturen bilden. Vincent van Gogh hat zum Beispiel so gemalt.

1 Fertige mit Bleistift eine Skizze an von dem, was du malen möchtest.

2 Fange mit starken Pinselstrichen an zu malen. Verdünne die Farbe nicht mit Wasser, sie soll so dickflüssig und zäh wie möglich sein. Acrylfarbe oder Plakatfarbe geht am besten.

3 Lass die erste Schicht Farbe trocknen, ehe du weitermalst. Du kannst auch mit dem Pinselstiel Wellenmuster und andere Formen in die Farbe drücken.

WARUM NICHT?
Wenn deine Farbe zu flüssig ist, kannst du sie prima mit ein paar Tropfen Holzleim verdicken!

GESCHAFFT! ABGEHAKT AM

72 ZIEH DIR EINEN KRASSEN KRESSEKOPF

Diese irren Kresseköpfe haben Haare, die man essen kann! Zieh dir doch eine ganze Bande!

1. Nimm einen leeren ausgewaschenen Joghurtbecher und male mit Filzstift oder Farbe ein lustiges Gesicht darauf.

2. Als Nächstes fülle den Becher zur Hälfte mit einem feuchten Wattebausch.

3. Streue einige Kressesamen auf den Wattebausch und drücke sie vorsichtig hinein. Stell deinen Kressekopf an eine sonnige Stelle auf der Fensterbank, aber lass die Watte nicht austrocknen.

4. Wenn die Kresse gewachsen ist, kannst du Blättchen für einen Salat oder ein Sandwich abschneiden. Mmh, lecker!

GESCHAFFT! ABGEHAKT AM

SCHMEISS EINE SUPERPYJAMAPARTY 73

Eine Pyjamaparty macht so viel Spaß! Guck dir diese Toptipps hier an für eine „traumhafte" Nacht.

DIE EINLADUNG

Eine Einladung darf nicht fehlen! Als Karte, E-Mail oder SMS an deine Freunde oder Freundinnen. Wähle ein Motto wie Sport, Musik oder Filmmarathon.

VERPFLEGUNG

Besorge einen Vorrat deiner Lieblingssnacks! Popcorn, Kartoffelchips oder Gemüsesticks mit Dip sind toll.

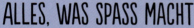

ALLES, WAS SPASS MACHT

Mach dir eine Liste mit Spielen und Aktivitäten, die ihr alle mögt, damit keine Langeweile aufkommt. Jeder Gast könnte seinen Lieblingsfilm oder sein Lieblingsspiel mitbringen, dann habt ihr eine Riesenauswahl, was ihr machen könnt! Oder erzählt euch im Dunkeln Geistergeschichten …

SCHLAF(LOS)

Jeder braucht einen bequemen Platz für seinen Schlafsack. Sucht eine Ladung knuffeliger Kissen und macht es euch gemütlich!

WARUM NICHT? Hier im Buch gibt's jede Menge Ideen, was du mit deinen Gästen sonst noch zusammen machen kannst!

GESCHAFFT! ABGEHAKT AM

74 REISE AUF LUSTIGE WEISE

Langweilst du dich bei langen Fahrten? Wenn du das nächste Mal lange unterwegs bist, probiere eins dieser lustigen Spiele aus! Und schon bist du im Handumdrehen angekommen!

ABC-FUTTER

Lass dir für jeden Buchstaben im Alphabet etwas Lustiges zu essen einfallen. Sage laut: „Ich bin sooo hungrig, ich könnte einen ganzen Alligator verschlingen!" Der oder die Nächste macht mit einem Wort mit B weiter: „Ich bin so hungrig, ich könnte einen ganzen Alligator verschlingen und noch einen Basketball obendrein!" Macht so weiter, bis jeder im Auto ins Zebra beißt!

VON ORT ZU ORT

Der Erste denkt sich eine Ortsbezeichnung aus (Stadt oder Land irgendwo auf der Welt), zum Beispiel „London". Die Nächste muss einen Ortsnamen finden, der mit dem letzten Buchstaben des vorangegangenen Namens beginnt, also zum Beispiel „Nepal". Wie lange könnt ihr das weitermachen?

SUMM, SUMM, SUMM ...

War das die Biene Maja? Alle, die mitmachen, summen (nicht den Text singen!) abwechselnd die Titelmusik einer Fernsehserie. Wer als Erstes den richtigen Titel errät, ist als Nächstes dran.

GESCHAFFT! ABGEHAKT AM

MACH DIE WELTBESTE HEISSE SCHOKOLADE

75

Wenn du bisher immer nur heiße Schokolade aus löslichem Kakaopulver getrunken hast, dann willkommen im Schokohimmel!

1 Mache zusammen mit einem Erwachsenen etwas Milch warm. Brich einen Riegel dunkler Schokolade in kleine Stücke und gib sie in einen hitzebeständigen Becher.

2 Schütte vorsichtig ein Drittel der heißen Milch über die Schokolade und verrühre beides miteinander. Warte eine Minute.

3 Füge die übrige Milch hinzu. Dabei musst du die ganze Zeit umrühren, bis Milch und Schokolade völlig miteinander vermischt sind. Und nun lass dir die heiße Schokolade in deiner Lieblingstasse schmecken!

WARUM NICHT?
Probiere auch mal weiße Schokolade aus! Oder gib etwas Zimt, Vanillezucker oder Karamellsoße hinzu. Und der super Geheimtipp: Chilipulver!

GESCHAFFT! ABGEHAKT AM

76 GEH AUF SCHATZSUCHE

Werde zum Jäger der verlorenen Schätze und sammle alles von deiner Liste, ehe es deine Freunde tun!

WO MAN SPIELEN KANN

Euer Garten oder ein Stadtpark sind die besten Orte, um eine Schnitzeljagd zu veranstalten. Du kannst sie jedoch auch drinnen machen! Hast du einen Platz zum Spielen, müssen alle Mitspielenden erfahren, innerhalb welchen Gebiets sie suchen sollen. Denk dran, immer einem Erwachsenen Bescheid zu sagen, wo ihr seid, falls die Schnitzeljagd außerhalb eures Zuhauses stattfindet. Ihr solltet auch nicht das Suchgebiet verlassen.

MACHE EINE LISTE

Fertige eine Liste an mit den Dingen, die zu finden sind. Hier einige Vorschläge:

FÜR EINE SCHNITZELJAGD IM FREIEN:
- Kiefernzapfen
- Blume
- Laubblatt, das größer als eine Handfläche ist
- Stein mit Loch
- Schneckenhaus
- Vogelfeder
- Stück Rinde
- Zweig, der wie ein Y geformt ist

FÜR EINE SCHATZSUCHE IM HAUS:
- Zahnbürste
- Buch
- DVD
- Actionfigur
- Kuscheltier
- Hunde- oder Katzen-spielzeug
- alte Socke
- Quietscheentchen
- Wäscheklammer

VERBORGENE SCHÄTZE!

Verstecke ein paar lustige Sachen (z. B. einen Schlumpf oder eine Legofigur) im Suchgebiet. Wer immer diese Sachen findet, erhält am Ende eine Belohnung! Wenn du selbst mitsuchen willst, lass einen Erwachsenen die Schätze verstecken.

DER GEWINNER IST ...

... wer als Erstes alle Dinge der Liste zusammen hat! Wenn alle wieder zurück sind, schaut euch eure Sammlungen gut an.

WARUM NICHT?

Verteile extra Belohnungen für das größte Blatt, das ungewöhnlichste Fundstück und die schönste Blume.

GESCHAFFT! ABGEHAKT AM

77 DEIN EXTRABLATT!

Gib deine eigene Zeitung heraus – so kannst du deine Schreibfertigkeiten trainieren und die Fantasie spielen lassen!

DIE TITELSEITE

Auf jeder **Titelseite** gibt es eine oder zwei **Schlagzeilen.** Die Wörter dieser Aufmacher sind meist groß und fett gedruckt und sollen die Aufmerksamkeit der Leser wecken.

Titelkopf

Gib deiner Zeitung einen Namen und gestalte einen **Titelkopf.** Das wird der auffälligste Teil deiner Titelseite. Füge all die Details hinzu, die du auf einer echten Zeitung findest: Datum, Wetterbericht und Preis.

Schlagzeile

Foto

INNENTEIL

Hast du die **Titelseite** entworfen, kannst du die übrige Zeitung gestalten. Fülle die Seiten mit kleineren Schlagzeilen, weiteren Artikeln und Beiträgen. Wenn du fertig bist, stapele die Seiten übereinander – und schon ist deine Zeitung fertig für den Kiosk!

Schreibe deinen **Artikel**. Dein Beitrag kann sich um alles drehen, was dich interessiert! Zum Beispiel ein ausgedachtes Ereignis oder etwas, was du mit deiner Familie tatsächlich erlebt hast.

WARUM NICHT?
Mache eine Zeitung über deine Familie! Du kannst sie an Verwandte schicken, die du nicht so oft triffst.

Verwende auch Fotos oder Zeichnungen mit **Bildunterzeilen.** Denk dir lustige Bildtexte zu den Fotos aus und achte darauf, dass jedes Bild zu deinem Beitrag passt.

78 BATIK-FARBENSPIEL

Sei kreativ und verwandle ein schlichtes weißes T-Shirt in ein cooles neues Oberteil!

DAS BRAUCHST DU:

- weißes T-Shirt
- nicht mehr gebrauchte Tischdecke
- Stofffärbemittel in deiner Lieblingsfarbe
- Gummibänder
- kleine Schüssel
- große Schüssel
- Gummihandschuhe
- Salz
- Plastikspritzflasche
- Plastiktüte

1 Decke deine Arbeitsfläche mit der alten Tischdecke oder mit Müllbeuteln ab. Rolle das T-Shirt vom Ausschnitt bis zum Saum zusammen und schnüre Gummibänder drum herum.

2 Zieh die Gummihandschuhe an. Dann mische vorsichtig das Färbemittel mit Wasser in einem Gefäß (folge dabei der Gebrauchsanweisung der Farbe) und gieße die Lösung in die Plastikspritzflasche.

3 Fülle eine Schüssel mit warmem Salzwasser und tauche das Shirt für ein oder zwei Minuten hinein.

4. Spritze deine Farbe über der abgedeckten Arbeitsfläche auf jeden Bereich des mit Gummibändern verschnürten Shirts.

5. Nachdem du die Farbe aufgetragen hast, stecke das gefärbte T-Shirt in eine Plastiktüte und lass es über Nacht liegen. Am nächsten Tag kannst du es unter kaltem Wasser ausspülen. Denk dran, dabei zum Schutz die Handschuhe anzuziehen. Wasche das Shirt so lange aus, bis das Wasser klar bleibt. Dann entferne die Gummibänder.

6. Lass das T-Shirt von einem Erwachsenen einmal im Kaltwaschgang in der Waschmaschine spülen (nicht mit anderen Wäschestücken zusammen!). Danach lass es an der Luft trocknen. Sicherheitshalber wasche das Shirt auch noch bei den nächsten Waschgängen separat, damit es nicht auf andere Sachen abfärbt.

WARUM NICHT?
Probiere verschiedene Farben und Techniken aus, dein Shirt zu drehen und zu binden. So kannst du ganz unterschiedliche Effekte erreichen.

GESCHAFFT! ABGEHAKT AM 22.8.15

79 — MEIN LIEBER SCHWAN!

Verwandle einen Luftballon in einen wunderschönen Schwan und bringe damit deine Partygäste zum Staunen!

Dreh hier

1. Für diesen Trick brauchst du einen langen, dünnen Luftballon. Blase deinen Luftballon fast ganz auf, bis auf 5–10 cm an der Spitze. Krümme den Ballon zu einer großen Schlaufe, bei der das Knotenende bis zur Hälfte in den Kreis hineinragt. Fasse den Ballon in der Mitte und verdrehe ihn einmal ganz um die Mittelachse (s. Bild). Halte den Knoten dabei fest.

2. Auf diese Weise sollen zwei Schlaufen entstehen. Dabei steht das nicht vollständig aufgeblasene Ende nach oben. Schiebe die linke Schlaufe zurück durch die rechte Schlaufe, sodass ein „Ballonkörper" entsteht.

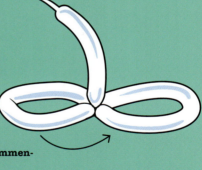

Hier zusammendrücken

3. Halte das Kopfende fest. Drücke dabei Luft von dem aufgeblasenen Teil des langen Endes zurück in den Ballonkörper. Dadurch bleibt das Kopfende in einer geneigten Stellung – genau richtig für den Schwanenhals!

GESCHAFFT! ABGEHAKT AM

TRICKSE DICH SELBST AUS! 80

Kannst du deinen eigenen Körper austricksen?
Teste es aus mit diesen erstaunlichen Tricks.

APFEL ... APFELSINE

Nimm dir einen Apfel und eine Apfelsine. Dann beiße ein Stück vom Apfel ab, aber halte dir dabei die Apfelsine unter die Nase. Schmeckt der Apfel anders?
Dein Geschmacks- und dein Geruchssinn sind eng miteinander verbunden, darum schmeckt der Apfel für dich nach Apfelsine!

DER KLOPFTEST

Lege deine Hand auf eine flache Oberfläche wie eine Tischplatte. Klopfe mit dem Ringfinger auf die Tischplatte, ohne die anderen Finger zu bewegen. Einfach, nicht? Nun klemme deinen Mittelfinger unter die Handfläche und versuch dasselbe noch mal. Immer noch einfach? Tatsächlich sollte es dir fast unmöglich sein, den Finger zu rühren. Das liegt daran, dass Mittel- und Ringfinger durch dieselbe Sehne bewegt werden.

WARUM NICHT?
Zieh eine Zauberschau für deine Familie und Clique auf. Noch mehr Ideen findest du bei den Nummern 16, 44 und 82.

GESCHAFFT! ABGEHAKT AM

81 · EIN ARMKETTCHEN AUS SILBERBLÄTTCHEN

Es macht nicht nur Spaß, dieses Armband zu machen – außerdem recycelst du noch etwas! Du kannst dieses Kettchen aus jedem Süßigkeitspapier oder Altpapier machen, doch mit Kaugummipapier klappt es am besten.

1 Als Erstes mache längs einen Knick in der Mitte des Papierchens. Falte dann die beiden langen Seiten jeweils nach innen zur Mitte, sodass ein schmaler Streifen entsteht.

2 Knicke dein Papierchen nun quer in der Mitte und klappe die beiden langen Seiten ein, sodass sie sich an dem neuen Mittelknick treffen.

3 Wiederhole die Schritte 1 und 2 mit einem zweiten Papierchen. Verwendest du unterschiedliche Farben, ergibt das nachher ein tolles Muster.

4 Schiebe die beiden flachen Seiten des ersten gefalteten Papiers durch die Seitenöffnungen des zweiten. Von oben betrachtet müsste sich jetzt eine V-Form ergeben.

5 Wiederhole diese vier Schritte mit weiteren Papierchen, bis du eine gezackte Kette hast.

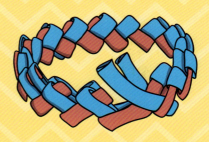

6 Wenn die Kette lang genug ist, dass sie um dein Handgelenk reicht, falte noch ein zusätzliches Kettenglied. Lass dabei die letzten beiden Knicke aus.

7 Schiebe diesen Streifen in die Öffnungen deines ersten Kettenglieds und falte erst dann die beiden langen Enden nach innen, um die Kette zu schließen. Nach ein bisschen Übung sollte dein Armband wie dieses hier aussehen.

WARUM NICHT?
Probiere verschiedene Farbkombinationen aus und mache Armbänder für alle deine Freundinnen und Freunde!

GESCHAFFT! ABGEHAKT AM

82 DIE ZERREISSPROBE

Verblüffe deine Freunde, indem du durch ein einzelnes Blatt Papier hindurchgehst!

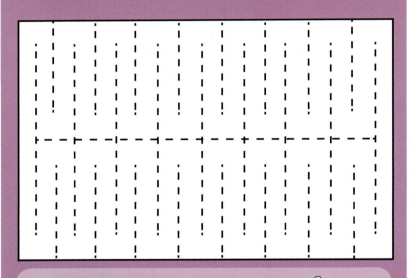

DEIN AUFTRITT

1 Kopiere vorher die Schablone oben auf ein Blatt Papier. Frag deine Zuschauer: Glauben sie, dass du es schaffst, durch ein DIN-A4-Blatt zu gehen?

2 Schneide dann vorsichtig entlang der Linien, vor den Augen deiner Zuschauer. Unterhalte sie dabei vielleicht mit ein paar Witzen.

3 Zieh das Papier vorsichtig auseinander und gehe hindurch. Ta-daah!

GESCHAFFT! ABGEHAKT AM

LAUTSPRECHER-BECHER | 83

Bastele aus Pappbechern praktische Lautsprecherboxen für dein Handy oder deinen MP3-Player.

DAS BRAUCHST DU:

- Kopfhörer
- vier Pappbecher
- Klebeband
- kleine Schere

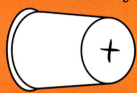

1 Schneide vorsichtig einen kreuzförmigen Schlitz in den Boden der zwei Becher, die als Lautsprecher dienen werden.

2 Fädele die Kopfhörer durch die geritzten Löcher, bis nur noch die Kabel rausschauen.

3 Stelle die beiden übrigen Becher auf den Kopf. Dann platziere deine „Lautsprecher" obendrauf. Befestige sie mit dem Klebeband. Stöpsele die Ohrhörer an einen MP3-Player und schalt die Mucke an!

GESCHAFFT! ABGEHAKT AM

84 DAS MEGA-SEIFENBLASEN-WUNDER

Bastele deinen eigenen überdimensionalen Stab, um Riesenseifenblasen zu zaubern!

DAS BRAUCHST DU:

Für die Seifenlösung:
- 700 ml Wasser
- 120 ml Spülmittel
- 60 g Speisestärke
- 1 Esslöffel Backpulver
- 1 Esslöffel goldfarbenen Sirup
- Waschschüssel

Für deinen Superseifenblasenstab:
- Zwei Plastikstrohhalme
- eine Schnur
- Metermaß
- Schere

1 Miss zwei Meter Schnur ab und fädele sie durch die beiden Strohhalme. Binde die Schnurenden zusammen. Dann halte die Strohhalme auseinander als Griffe deines Seifenblasenwunderstabs.

2 Schütte alle Zutaten für die Seifenlösung in eine Waschschüssel und verrühre sie.

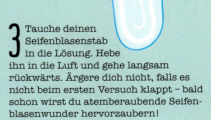

3 Tauche deinen Seifenblasenstab in die Lösung. Hebe ihn in die Luft und gehe langsam rückwärts. Ärgere dich nicht, falls es nicht beim ersten Versuch klappt – bald schon wirst du atemberaubende Seifenblasenwunder hervorzaubern!

GESCHAFFT! ABGEHAKT AM

SUPERFIESER GLIMMERGLIBBER | 85

Stelle eine Ladung abgefahrenen, im Dunkeln glühenden Glibber her!

DAS BRAUCHST DU:
- 350 ml Wasser
- nachtleuchtende Farbe (kannst du im Baumarkt oder Bastelladen bekommen)
- 260 g Speisestärke
- Schüssel
- Holzlöffel
- Messbecher

1 Vermenge die Speisestärke löffelweise mit Wasser. Rühre so lange, bis ein Teig entsteht.

2 Füge die nachtleuchtende Farbe hinzu. Rühre weiter, bis alles vollständig miteinander vermischt ist.

3 Wenn dein Schleim fertig ist, halte ihn nah ans Licht, um die nachtleuchtende Magie zu aktivieren.

TIPP FÜR DICH
Denk ans Händewaschen, wenn du fertig bist. Schleimreste kannst du in einem verschließbaren Frühstücksbeutel aufbewahren.

GESCHAFFT! ABGEHAKT AM

86 SCHRECK GESPENSTER

Lust auf ein gruseliges Abenteuer? Schnapp dir ein paar Freunde und geht auf Geisterjagd! Hier erfährst du, wie man die Geister aufspürt, die bei dir so in der Nachbarschaft lungern ...

SEI BEREIT

An dem Spukort, wo du nach Geistern jagst, verhalte dich so ruhig und friedlich wie möglich. Schalte das Licht aus oder dimme es, falls du sonst weiche Knie kriegst! Notiere dir alles, was du siehst, hörst und fühlst.

STELLE FRAGEN

Wenn es an dem Ort so ruhig wie möglich ist, stelle dem Geist Fragen wie „Ist jemand hier?" oder „Kannst du uns ein Zeichen geben?". Schau, was dann passiert ...

HUHUU?!

OH-OH!

Sobald du einen Geist gehört oder erspäht hast, frag, ob es noch jemandem so ergangen ist. Wird es euch zu gruselig, sag „Geist, ich lasse dich frei!" und mach das Licht an. Vergleicht eure Notizen, um zu sehen, ob ihr eine ähnliche Geistererfahrung gemacht habt.

GEISTREICH ODER VON ALLEN GEISTERN VERLASSEN?

Edinburg, Schottland
Im berühmten Edinburger Theater spukt ein Geist namens Albert, der einen grauen Umhang trägt. Er soll ein früherer Bühnenarbeiter sein, der es nicht lassen kann, hin und wieder mal eine Hand zu reichen.

Bhangarh Fort, Indien
Es heißt, ein Hexer hätte einen Fluch auf die Stadt gelegt. Bald darauf wurde der Ort überfallen. Bis heute glauben die Menschen dort, dass die Geister aufdringliche Fremde abschrecken.

Karlsbrücke, Prag
Im Mittelalter wurden zehn Fürsten auf der Brücke geköpft. Ihre Geister sollen noch immer dort ausharren und des Nachts heulen, um jeden zu vergraulen, der es wagt, die Brücke zu überqueren.

SICHER IST SICHER!

Denk dran, immer einem Erwachsenen Bescheid zu sagen, wohin du gehst, und nachts nicht allein wegzugehen.

WARUM NICHT?

Nimm eine Kamera mit. Vielleicht gelingt dir ein gespenstischer Schnappschuss!

GESCHAFFT! ABGEHAKT AM

87 DRUCKREIF – DEINE EIGENE SCHABLONE

Wenn ihr das nächste Mal Essen nach Hause bestellt, bewahre die Schaumstoffschachtel auf. Damit lässt sich nämlich ein echtes Kunstwerk machen!

DAS BRAUCHST DU:
- übrig gebliebene Schaumstoffverpackung
- Bleistift
- Deckel oder Platte für Farbe
- Plakatfarbe
- Farbroller

1 Zeichne dein Bild leicht auf einer der flachen Kartonseiten vor. Wenn es dir gefällt, setze den Bleistift fester auf, sodass sich die Linien eindrücken.

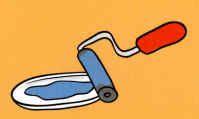

2 Gieße Farbe auf die Platte und tauche den Farbroller hinein. Die Walze sollte leicht, aber gleichmäßig mit Farbe bedeckt sein.

3 Rolle die Farbe über den Karton, bis die ganze Oberfläche bedeckt ist. Trage die Farbe nicht zu dick auf, sonst drückt sich dein Bild nicht durch.

4 Presse ein Blatt Papier auf den Karton. Streiche es vorsichtig mit der Hand glatt, sodass sich die Farbe gleichmäßig verteilt.

5 Zieh das Blatt Papier ab – und da ist dein Kunstwerk! Du kannst das mehrmals wiederholen, um Poster, Geschenkpapier oder sogar Schulhefte zu verzieren.

WARUM NICHT?
Verwende verschiedene Farben für deine Schablone und bedrucke damit dein Papier!

GESCHAFFT! ABGEHAKT AM

88 WERDE EIN MENSCHLICHER LÜGENDETEKTOR

Folge diesen einfachen Tricks, dann kannst du jede Lüge sofort entlarven.

CHECKLISTE KÖRPERSPRACHE

Hier sind einige typische Verhaltensweisen von Lügenerzählern.

- ✓ **sich im Gesicht berühren**
- ✓ **sich den Nacken reiben**
- ✓ **mit den Haaren spielen**
- ✓ **häufiger blinzeln als sonst**
- ✓ **Hände ringen**
- ✓ **direktes Ansehen vermeiden**

WEITERE ANZEICHEN:

Achte auf den Tonfall der Stimme. Sieht jemand gelassen aus, obwohl er über etwas Trauriges redet? Nickt er, aber sagt Nein?

Verhält sich jemand zu ruhig? Ein schlauer Lügner versucht vielleicht, sich still zu verhalten, anstatt herumzuzappeln. Bemerkst du, dass jemand sich unnatürlich wenig bewegt oder in zu unbeteiligtem Ton spricht, dann führt er bestimmt nichts Gutes im Schilde!

GESCHAFFT! ABGEHAKT AM

WIE VIEL REGEN FÄLLT BEI DIR? | 89

Du brauchst gar keine teure Ausrüstung, um etwas über das Wetter zu erfahren. Probiere aus, diesen simplen Regenmesser zu bauen, und zeichne die Niederschlagsmenge auf.

1 Schneide von einer leeren 2-Liter-Plastikflasche den Hals ab. Beschwere die Flasche mit einer Handvoll Kiesel auf dem Boden. Dreh den abgeschnittenen Flaschenhals um und setze ihn verkehrt herum wieder auf die Flasche.

2 Zeichne mithilfe eines wasserfesten Stifts und eines Lineals eine Zentimeterskala auf die Außenseite deines Regenmessers.

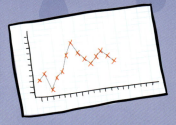

3 Zeichne die Regenmenge, die du siehst, in ein Diagramm oder eine Tabelle. Trage die Wochentage auf der y-Achse und die jeweilige Regenmenge auf der x-Achse ein.

WARUM NICHT?

Lass einen Freund oder eine Verwandte gleichfalls den Niederschlag bei sich zu Hause messen, und dann vergleicht eure Ergebnisse!

GESCHAFFT! ABGEHAKT AM

90 WAPPNE DICH FÜRS WAPPENMALEN

Ein Wappen ist ursprünglich ein Bild, das Ritter auf ihren Schilden getragen haben. Es kann alles Mögliche darstellen, das einen Bezug zu deiner Familie hat. Mal dein eigenes Wappen!

1 Zeichne als Erstes einen Umriss für dein Wappen. Die häufigsten Formen kannst du hier oben sehen, aber du kannst dir auch selbst etwas ausdenken.

2 Mach dir eine Liste mit Stichwörtern, was dir Cooles zu jedem Familienmitglied einfällt. Daraus kannst du Symbole für deinen Schild bilden.

3 Teile dein Wappen in verschiedene Felder ein, für jedes Mitglied deiner Familie eins. Nun nimm für jeden eine Sache von deiner Liste und male ein Symbol dafür in ein Feld.

WARUM NICHT?
Füge deinem Wappenschild ein Familienmotto hinzu. Zum Beispiel: Donnerstag ist Donuttag.

GESCHAFFT! ABGEHAKT AM

LASS DEN BALL TANZEN | 91

Klar brauchst du viel Übung für diesen Trick. Aber bald wirst du alle damit von den Stühlen reißen!

1 Halte einen Basketball in einer Hand. Mit der anderen Hand drehe den Ball, ganz schnell. Du kannst jeden Finger deiner Hand nehmen, um den rotierenden Ball zu balancieren. Mit dem Zeigefinger geht es aber meistens am leichtesten.

2 Gib dem Ball mit der anderen Hand vorsichtig etwas Schwung, während du ihn auf deiner Fingerspitze kreisen lässt. Warte eine Sekunde, dann schubs ihn noch mal sanft an.

3 Halte die Ellbogen nach unten und dein Kinn gesenkt, so bleibt deine Haltung aufrecht. Versuch, den Ball jedes Mal ein bisschen länger zu drehen!

TIPP FÜR DICH
Lass vorher ein bisschen Luft aus dem Ball. Dadurch erhältst du eine größere Oberfläche, wenn du den Ball berührst, und kannst ihn so besser unter Kontrolle halten.

GESCHAFFT! ABGEHAKT AM

92 AUS ALT MACH NEU – FÜR DIE VOGELFREUNDE

Hast du gern Vögel im Garten? Dann ermutige doch deine geflügelten Besucher, für eine Weile oder etwas Futter dazubleiben.

DAS BRAUCHST DU:
- leere ausgewaschene Saftpackung
- Pinsel und Farbe
- Schere
- Kleber
- Locher
- einen Eisstiel
- feste Schnur
- Vogelfutter

1 Bemale und verziere das Äußere der Saftpackung und lass es trocknen.

2 Schneide vorsichtig ein Rechteck an der unteren Hälfte des Kartons aus, damit deine Vögel ein- und ausfliegen können.

3 Klebe den Eisstiel an den Boden des Kartons. So haben die Vögel eine Stange, auf der sie landen können.

93 BAUE DAS ULTIMATIVE HÖHLENVERSTECK

Was ist besser an einem grauen Regentag, als sich drinnen eine überdimensionale Höhle zu bauen? Suche ein paar Decken, Kissen und Stühle zusammen und los geht's!

Bringe alle leicht zerbrechlichen Gegenstände in Sicherheit. Nimm keine wackligen oder instabilen Möbelstücke zum Bauen.

Drapiere Decken, Laken oder Handtücher über große Möbel.

Hänge deine Laken über Stühle. Dreh die Stühle nach innen, dann kannst du die Sitzfläche gleich als Tisch in der Höhle benutzen!

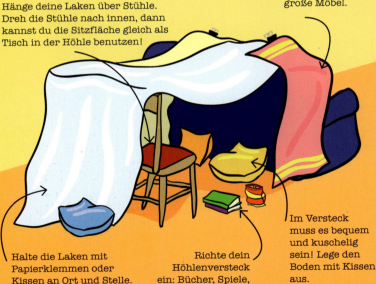

Halte die Laken mit Papierklemmen oder Kissen an Ort und Stelle.

Richte dein Höhlenversteck ein: Bücher, Spiele, Süßigkeiten …

Im Versteck muss es bequem und kuschelig sein! Lege den Boden mit Kissen aus.

GESCHAFFT! ABGEHAKT AM 22.8.15

VERGISS LANGEWEILE! 94

Auch wenn du allein bist, gibt es keinen Grund für Langeweile! Es gibt immer etwas Lustiges auszuprobieren.

1. Schlag einen Tennisball gegen eine freie Wand. Wie oft hintereinander triffst du ihn?

2. Übe mit einem Hula-Hoop-Reifen, drinnen oder draußen. Wie oft kannst du ihn kreisen lassen, ohne dass er runterrutscht?

3. Denk dir einen Tanz für dein Lieblingslied aus.

4. Finde drei Dinge aus deinem Zimmer, die sich prima als Musikinstrument eignen.

5. Baue ein kleines Schattentheater – mit einem Karton, einer Taschenlampe und ein paar kleinen Spielfiguren.

6. Finde ein Buch, das du noch nicht kennst, und fang an zu schmökern.

7. Schreib einen Brief an dein zukünftiges Ich.

8. Erfinde und zeichne deinen eigenen Comichelden.

GESCHAFFT! ABGEHAKT AM

95 MACHE DEN DURSTLÖSCHER

Erfrischung gefällig? Was könnte an einem heißen Sommertag besser sein als ein Glas kühler selbst gemachter Limonade! Das Rezept hier reicht für sechs Gläser.

DAS BRAUCHST DU:
- 8 Zitronen
- 1,5 l Wasser
- 250 g Zucker

1 Presse acht Zitronen in einen Krug aus. Achte darauf, dass keine Kerne mehr drin sind!

2 Erhitze gemeinsam mit einem Erwachsenen ein Drittel des Wassers und den Zucker in einem Topf. Rühre dabei stetig um, bis der Zucker sich völlig aufgelöst hat. Dann gieße noch den Zitronensaft hinein.

3 Füge das übrige Wasser hinzu. Stelle den Krug dann in den Kühlschrank zum Abkühlen. Serviere die Limo später mit Eiswürfeln und einer Scheibe Zitrone.

GESCHAFFT! ABGEHAKT AM

VON EINEM BALL ZUM ANDERN

96

Probiere diesen coolen Trick aus und beobachte, wie sich die Energie eines fallenden Balls auf einen anderen auswirkt.

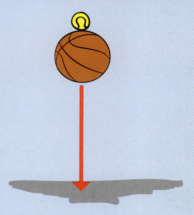

1 Für diesen Versuch brauchst du einen Basketball (oder Fußball) und einen Tennisball.

2 Halte den Tennisball über den Basketball und lass dann beide zur selben Zeit fallen.

3 Der Basketball wird auf dem Boden liegen bleiben, doch der Tennisball wird durch die Energie, die durch den Basketball auf ihn zurückwirkt, nach oben geprellt.

WARUM NICHT?
Nimm noch einen Tischtennisball dazu. Bekommst du den Versuch auch mit drei Bällen hin?

GESCHAFFT! ABGEHAKT AM

97 ORIGAMI – KANNSTE KNICKEN?!

Origami ist die traditionelle japanische Kunst des Papierfaltens. Du wirst staunen, was man alles aus einem bloßen Blatt Papier falten kann. Fang doch zum Beispiel mit diesem niedlichen Hasen an!

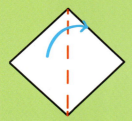  

1 Falte ein quadratisches Stück Papier diagonal in der Mitte.

2 Klappe das Papier auf. Dann knicke die Ecken von der unteren Spitze an bis zur Mittelfalte ein.

3 Knicke die obere Spitze nach unten, sodass sich ein Dreieck ergibt.

4 Knicke die Spitze der oberen Ecke wieder nach oben. Das gibt das Schwänzchen.

5 Klappe alles entlang des Mittelknicks zusammen.

6 Dein Papier sollte nun so wie hier aussehen.

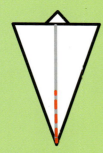  

7 Schneide mit einer Schere etwa ein Drittel entlang des Mittelknicks ein. Daraus werden die Hasenohren.

8 Als Nächstes klappe jedes Hasenohr nach hinten.

9 Falte die unteren Ecken nach innen. Dadurch wird sich der Hase aufsetzen.

10 Knicke die Hasenohren nach unten. Und schon hast du deinen eigenen selbst gebastelten Origamihasen!

WARUM NICHT?
Nimm Papier in verschiedenen Farben. Und zeichne deinem Kunstwerk noch Augen und Schnurrhaare.

GESCHAFFT! ABGEHAKT AM

98 SPRITZIGER SPASS

Wasserballon-Volleyball ist perfekt für einen heißen Tag am Strand, im Park oder im Garten. Aber Achtung – ihr könnt eine kalte Dusche abbekommen!

1 Baue ein Netz auf und trommele deine Mannschaft zusammen. Du brauchst mindestens vier Leute für dieses Spiel.

2 Halte einen Vorrat Wasserballons bereit.

3 Jede Mannschaft fasst ein Badetuch und schleudert damit den Ballon über das Netz. Das andere Team muss den Ballon in seinem Handtuch auffangen. Gewonnen hat das Team, das die wenigsten Ballons zum Platzen bringt (und am trockensten bleibt!).

WARUM NICHT?
Verdoppelt den Spaß und spielt mit zwei Ballons gleichzeitig!

GESCHAFFT! ABGEHAKT AM

DER KOMMT WIEDER – DEIN EIGENER BUMERANG | 99

Bumerangs sind Wurfhölzer, die ursprünglich von den australischen Aborigines verwendet wurden. Bastele einen coolen Bumerang aus Pappe!

1 Nimm einen Bogen Pappe und kopiere darauf die Grundform des Bumerangs von der Schablone hier unten.

2 Schneide den Umriss aus und knicke jeden Flügel entlang der gestrichelten Linie nach unten.

3 Um deinen Bumerang zu werfen, halte ihn an einem Flügel fest. Dabei sollte die nicht gefaltete Seite nach vorne zeigen. Bringe deinen Arm in einer schwingenden Bewegung nach vorne und lass los. Dann warte, dass der Bumerang zurückkommt!

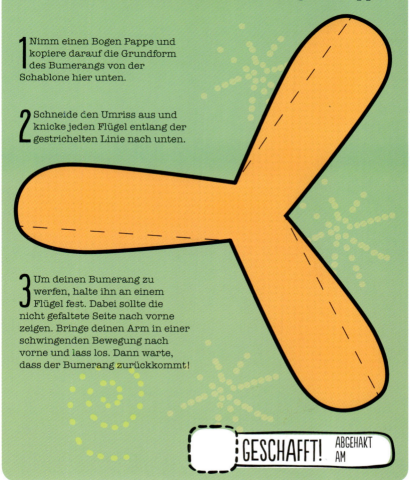

GESCHAFFT! ABGEHAKT AM

100 STEHEN DEINE STERNE GÜNSTIG?

Die chinesischen Tierkreiszeichen sind uralt, doch haben sie noch heute Bedeutung. Schau nach deinem Geburtsjahr – welches Tier bist du?

RATTE

2008, 1996, 1984, 1972

Du bist intelligent, redegewandt und hast ein reges Sozialleben.

BÜFFEL

2009, 1997, 1985, 1973

Du bist stark, zuverlässig, vor allem aber unendlich geduldig.

TIGER

2010, 1998, 1986, 1974

Ehrgeizig und selbstbewusst – der geborene Anführer. Und du bist mutig und großzügig!

HASE

2011, 1999, 1987, 1975

Du bist eigensinnig, anmutig und freundlich. Streiten magst du nicht.

DRACHE

2012, 2000, 1988, 1976

Du hast eine Eins-a-Fantasie und erreichst gern alle deine Ziele.

SCHLANGE

2013, 2001, 1989, 1977

Du bist super organisiert und mitteilsam, aber auch oft tiefsinnig.

PFERD

2014, 2002, 1990, 1978

Du schuftest hart, aber bist immer auf dem Sprung in ein wildes Abenteuer.

ZIEGE/SCHAF

2015, 2003, 1991, 1979

Du bist großzügig und hast die Ruhe weg – auch wenn es drunter und drüber geht.

AFFE

2016, 2004, 1992, 1980,

Wacher Verstand und ein echter Charmebolzen. Du bist immer auf Achse!

HAHN

2017, 2005, 1993, 1981

Du bist sehr würdevoll und stehst gerne im Mittelpunkt, bist aber auch großzügig und wohlmeinend.

HUND

2018, 2006, 1994, 1982

Du bist ja ein Glückskind! Außerdem ehrlich und reif für dein Alter.

SCHWEIN

2019, 2007, 1995, 1983

Entschlossen und tatkräftig bist du und bleibst immer optimistisch.

GESCHAFFT! ABGEHAKT AM

101 PAPPMASCHEE – SCHÖN PAPPIG!

Mit ein paar einfachen Schritten kannst du alte Zeitungen in eine farbenfrohe Schüssel verwandeln. Warum nicht eine als Geschenk für einen Freund oder eine Freundin machen?

DAS BRAUCHST DU:
- eine Schüssel als Modell
- Klarsichtfolie
- in Streifen geschnittenes Zeitungspapier
- mit Wasser verdünnten Holzleim
- Farbe
- Klarlack

1 Hülle die Schüssel in Klarsichtfolie, damit das Pappmaschee nicht festklebt, wenn es trocknet.

2 Bepinsele zuerst die Zeitungspapierstreifen mit dem verdünnten Leim. Klebe sie so auf die Außenseite der Schüssel, dass sie sich überlappen.

3 Ist die ganze Schüssel mit Zeitungspapierstreifen bedeckt, lass sie einige Stunden trocknen. Dann trage eine zweite Schicht auf. Pass auf, dass die Streifen nicht zu nass sind, sonst werden sie beim Trocknen schrumpelig.

4 Wenn du mehrere Schichten Papier aufgetragen hast, lass sie vollständig trocknen. Erst dann entferne das Pappmaschee von der Modellschüssel. Schneide die überstehenden Enden oben am Rand ab.

5 Jetzt kannst du dein Kunstwerk verzieren! Nimm Farbe, Glitter oder einige Lagen aus buntem Papier für eine tolle Collage.

WARUM NICHT?
Bastle ein zusammenpassendes Schüssel-Set in verschiedenen Größen.

6 Zum Schluss bepinsele deine Schüssel mit Klarlack (oder normalem Leim, der farblos trocknet) für einen glänzenden letzten Schliff.

GESCHAFFT! ABGEHAKT AM

SICHER IST SICHER!

Okay: Sei vorsichtig, wenn du Scheren oder andere scharfe, schneidende Gegenstände verwendest.

Okay: Trage immer einen Helm, wenn du mit dem Fahrrad oder Skateboard fährst.

Okay: Folge den Anleitungen und achte auf die Sicherheitshinweise.

Nicht okay: Fange kein chaosstiftendes Projekt an, ohne vorher einen Erwachsenen zu fragen.

Nicht okay: Zieh nicht einfach los, ohne zuerst einem Erwachsenen Bescheid zu sagen!